AF524897

KONSTANTIN RENSCHE

STOIZISMUS IN 5 SCHRITTEN

Email: info@edition-lunerion.de
www.edition-lunerion.de

Psiana eCom UG
Berumer Str. 44
26844 Jemgum

Inhalt

Vorwort

Unsere heutige Zeit ist von ständigen Ablenkungen, rasantem Wandel und großem Druck geprägt. Was zunächst wie eine Phrase klingt, ist bei genauerer Betrachtung eine präzise Beschreibung unserer Gesellschaft:

Ablenkung:

Es fällt schwer, sich auf nur eine Tätigkeit zu konzentrieren. Im Grunde befinden wir uns insbesondere durch die Nutzung von Smartphones und anderen technischen Geräten in unserem Alltag dauerhaft in *Multi-Tasking-Situationen*. Wir fahren mit der Bahn zur Arbeit, hören währenddessen über unsere Bluetooth-Kopfhörer Musik und checken auf unserem Smartphone dienstliche E-Mails oder private Textnachrichten. Zudem flackern auch an der Bahn-Station, an der wir auf unser Transportmittel warten, dauerhaft Nachrichten, Werbung oder sonstige Inhalte auf großen Info-Screens auf. Dass die Konzentrationsspanne insbesondere bei Jugendlichen, aber auch bei Erwachsenen, in den vergangenen Jahren messbar kürzer geworden ist, verwundert dabei kaum. (Spitzer, 2014).

Wandel:

Die Zeitabschnitte, in denen sich gesellschaftliche Strukturen durch neue Erfindungen und Innovationen wandeln, werden immer kleiner. Hätte ein Mensch beispielsweise im 17. Jahrhundert einen Zeitraum von 100 Jahren übersprungen, hätte er unter Umständen nicht viel verpasst. Zwar hat es in der Zwischenzeit vermutlich eine Krankheitswelle, ein Unwetter oder eine politische Unruhe im nächstgelegenen Fürstentum gegeben, doch man hätte die Welt – präziser: *die Gesellschaft* – auch nach einer hundertjährigen Auszeit noch als die eigene erkannt. Dies wäre heute absolut undenkbar. Wir müssen keine 20 Jahre in der Zeit zurückgehen, also in eine Zeit, bevor es das oben bereits erwähnte Smartphone gab, und wir merken, dass die Gesellschaft sich radikal verändert hat. Gewissheiten und Gewohnheiten erodieren im 21. Jahrhundert so schnell wie nie zuvor in der Menschheitsgeschichte.

Druck:

Mentale Belastungsstörungen und depressive Erkrankungen sind zu Volkskrankheiten geworden (Bundesgesundheitsministerium, 2023). Immer mehr Menschen spüren den Druck, der mit der beschriebenen Schnelllebigkeit, aber auch der Erwartungshaltung unserer kapitalistisch geprägten Gesellschaft einhergeht. Das Leistungsprinzip und die Erwartung an das Individuum, sich selbst zu optimieren, *die beste Version seiner selbst zu werden,* versetzen bereits Schulkinder in eine Drucksituation: Wenn ich keine guten Noten schreibe, finde ich keine gute Arbeit, verdiene kein Geld und stehe vor einer unsicheren Zukunft. Dieses Unsicherheitsgefühl nimmt im Erwachsenenalter keineswegs ab. Der Druck wird also durch gesellschaftliche Erwartungen produziert und durch eigene Erwartungen reproduziert.

In einer Gesellschaft wie dieser, in der die drei soeben beschriebenen Faktoren das Leben der Menschen maßgeblich prägen, ist das Bedürfnis nach einer Philosophie der Gelassenheit und des guten Umgangs mit herausfordernden Situationen mehr als verständlich. Daher lohnt es sich, einen Ausflug in die Welt des **Stoizismus** zu wagen. Diese antike Philosophie, die ursprünglich aus dem alten Griechenland stammt, lehrt uns, zwischen dem Wesentlichen und dem Unwesentlichen zu unterscheiden und unsere Probleme und vermeintlichen Probleme des alltäglichen Lebens auf diese Weise mit einer gewissen Ruhe und Gelassenheit zu bewältigen.

Lassen Sie uns also gemeinsam eintauchen in die Welt des Stoizismus und ergründen, warum eine jahrhundertealte philosophische Tradition uns Inspiration und wertvolle Ratschläge für das 21. Jahrhundert mit auf den Weg geben kann.

Stoizismus heute

Manch antike Philosophie wirkt verstaubt und unmöglich auf unser postmodernes Zeitalter anwendbar. Doch andere Ideen wiederum sind erstaunlich aktuell. Das Nachdenken über die Existenz, den Tod oder das Gute im Leben, aber auch die Frage nach der Organisation von Staaten und Gesellschaften treiben die Menschen seit der Antike kontinuierlich um. Die Antworten mögen sich verändert haben, doch die Fragen bleiben dieselben: Wie kann ich gut leben? Wie soll ich mich anderen gegenüber verhalten und wie kann ich meine innere und äußere Welt in Einklang bringen? Mit unter anderem diesen essentiellen Fragen befasst sich die **Stoa**.

Der Stoizismus wirft also Fragen auf, die wir uns im 21. Jahrhundert ebenso stellen wie die Menschen in der Antike. Schließlich geht es bei Fragen nach der Work-Life-Balance doch letztlich um die Frage „Wie wollen wir leben?", bei der Diskussion um eine ethische Klimapolitik geht es um die Frage des Einklangs mit der Natur etc. Daher ist die Stoa brandaktuell, vielleicht sogar aktueller denn je. Daher werden wir uns in diesem Buch in fünf Kapiteln eingehend mit dieser Denkrichtung der Philosophie beschäftigen. Zunächst werden Sie etwas über die Grundideen der *Stoa* und des Stoizismus erfahren. Dazu wird ein kurzer historischer Exkurs vonnöten sein, jedoch werden wir an keiner Stelle des Buches zu theoretisch werden. Der Praxisbezug und das Erlernen von Techniken zur Anwendung der Stoa im Alltag stehen bei diesem Ratgeber klar im Vordergrund. Daher werden Sie im nächsten Schritt lernen, wie Sie sich das Mindset, also die Denk- und damit verbunden die *Handlungsweise*, der antiken Stoiker zu eigen machen. Hierzu werden Ihnen Anleitungen an die Hand gegeben, mit denen Sie lernen, sich selbst zu helfen, denn die Gelassenheit, die innere Ruhe und die stoische Denk- und Handlungsweise kann nur aus Ihnen selbst heraus kommen. Auch wenn Sie in diesem Buch sämtliche wichtigen Informationen erhalten, werden Sie nur dann ein echter Stoiker, wenn Sie die entsprechenden Techniken internalisiert haben.

Unterstützt werden Sie dabei durch zahlreiche praxisnahe Beispiele, die in diesem Buch zur Verdeutlichung angeführt werden; unter anderem aus den Bereichen *Arbeitswelt* und *Paarbeziehungen*, denn insbesondere in besonders konfliktanfälligen sozialen Kontexten ist es entscheidend, dass Sie Ihre stoische Grundhaltung bewahren.

Da Herausforderungen in Form von *Challenges* aktuell sehr beliebt sind, gibt es auch zum Abschluss dieses Buches eine Challenge, die Ihnen dabei helfen soll, innerhalb von 28 Tagen zum Stoiker zu werden; verabschieden Sie sich vom Alltagsstress, von der Hektik und von der Überforderung und gehen Sie mit einer stoischen Gelassenheit durch Ihr Leben. Wie das funktionieren soll, werden Sie in diesem Buch erfahren!

Stoizismus auf einen Blick

„Der Weg zum Glück besteht darin,
sich um nichts zu sorgen, was sich unserem Einfluss entzieht."
(Epiktet)

Zunächst sollten wir über die Grundlagen sowie die Geschichte des Stoizismus sprechen, bevor wir *en détail* auf seine Anwendungsformen eingehen.

Geschichte des Stoizismus

Der Stoizismus, oder auch einfach Stoa (manchmal auch stoische Philosophie), ist eine Denkrichtung der antiken abendländischen Philosophie. Als Begründer der Denkschule gilt der griechische Philosoph *Zenon von Kition*.

Zenon von Kition

Zenon wurde sehr wahrscheinlich 333 oder 332 v. Chr. in Kition auf der Insel Zypern als Sohn eines wohlhabenden Kaufmanns geboren. Um das Jahr 312 v. Chr. herum verließ Kition seine Heimat, um nach Athen zu gehen. Dort hörte er Vorträge verschiedener Philosophen aus verschiedenen Denkschulen, die ihn in seinem philosophischen Denken allesamt prägen sollten.

Nach elf Jahren Studium begann Zenon schließlich, selbst zu lehren. Er versammelte seine Schüler in einer *bemalten Säulenhalle* (Stoa poikile) in Athen. Aus dem zunächst losen Zusammenschluss von interessierten Zuhörern entwickelte sich mit der Zeit eine philosophische Schule, die **Stoa**. Seine Lehre von einem tugendhaften Leben in einer größeren Gelassenheit verbreitete sich schnell und hat bis heute Bestand, auch wenn von Zenon selbst keine Schriften erhalten sind. Unser Wissen über ihn und seine Lehre speist sich aus den Notizen seiner Schüler.

261 oder 262 v. Chr. starb Zenon schließlich. Die Umstände hierzu sind nicht bekannt, auch wenn es häufig Spekulationen gab, der Philosoph habe sich erhängt oder zu Tode gehungert. Ihm wurde ein prachtvolles Begräbnis zuteil, da bereits Zenons Zeitgenossen dessen positiven Einfluss auf die Jugend und die Philosophie im Allgemeinen erkannt haben (Bees, 2011).

Fun Fact:
Wörtlich bedeutet Stoa etwa so viel wie *Säulenhalle*. Zenon soll in einer Säulenhalle auf dem Marktplatz von Athen gelehrt haben, weshalb die von ihm postulierte Philosophie diesen Namen erhielt.

Der historische Kontext, in dem die Lehre der Stoa entstand, war vor allen Dingen durch politische Krisen geprägt. Nach einer Phase der Stabilität der *Polis*, des hellenistischen Gebildes eines Stadtstaates, wurde der antike griechische Vielvölkerstaat nun durch Alexander den Großen und seine Expansionspolitik bedroht. Durch die Eroberungsfeldzüge und Annexion des makedonischen Herrschers fiel auch das Konstrukt der *Attischen Demokratie*, das zuvor die gesellschaftliche und politische Ordnung in der Polis determiniert hatte. Im Strukturwandel begriffen, wurden plötzlich neue Denkansätze relevant, nachdem zuvor die Schulen Platons und Aristoteles' das Koordinatensystem des philosophischen Denkens bestimmt hatten.

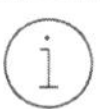

Polis

Der Begriff *Polis* bedeutet auf Altgriechisch sowohl *Staat* als auch *Stadt*. Der Begriff beschreibt jedoch nicht etwa bloß das Territorium einer Stadt, sondern vielmehr dessen politische Organisation. Insbesondere zur Zeit des Hellenismus, also der politischen und kulturellen Blüte des antiken Griechenlands, wurden zahlreiche dieser Stadtstaaten gegründet, unter anderem Athen. Die Verwaltung der Polis ging von den freien Bürgern der Stadt aus, so gab es bereits politische Institutionen wie einen Bürgerrat und ein Justizsystem. Auch wurden zentrale Plätze (die sogenannte *Agora*) geschaffen, auf denen die Bürger zusammenkommen konnten. In vielerlei Hinsicht gleicht die Polis also unseren heutigen Städten bzw. Staaten (Funke, 2009).

Insbesondere für politische Krisenzeiten, und damit auch für den von Unsicherheit geprägten Alltag vieler Bürger, war die Fokussierung der Stoa auf Erlangung des *Seelenheils* und damit verstärkt auf eine individuelle Ebene eine interessante Alternative zur tendenziell ganzheitlich orientierten Philosophie von Sokrates oder Aristoteles.

Durch diverse Anhänger, die Zenon mit seiner Lehre gewinnen konnte, verbreitete sich die Stoa auch jenseits der Grenzen von Athen in der antiken Welt und stieg so zu einer der bedeutendsten Denkgebäude der Antike auf. Zwar veränderte die Stoa sich im Laufe der Jahre stets; der Kern der Lehre blieb aber erhalten.

Auch über die Antike hinaus entfaltete die Stoa ihre Wirkung, was unter anderem in den Schriften der Schüler des freigelassenen römischen Sklaven Epiktet begründet liegt. Als *Handbüchlein der Moral* bekannt, vereinen diese Schriften die Vorträge und die Denkweise Epiktets, der als der bedeutendste Vertreter der neueren Stoa gelten kann. An dieses Handbüchlein sollten im Laufe der Philosophie-Geschichte einige bedeutende Denker anknüpfen. So inspirierte Epiktets Einlassung unter anderem frühe islamische Gelehrte, aber auch in das Christentum flossen manche Ideen der Stoa ein, auch wenn die Christianisierung Roms und damit des gesamten Abendlandes als Ende der Hochphase des Stoizismus angesehen werden kann, da fortan die christliche Morallehre als das Maß der Dinge galt und nicht mehr die stoische.

Epiktet

Epiktet, lateinisch auch *Epictetus*, wurde um das Jahr 50 n. Chr. in der phrygischen Stadt Hierapolis (auf dem Gebiet der heutigen Türkei) geboren.

Über das Leben des heute wohl berühmtesten Stoikers gibt es nur wenige gesicherte Informationen. Fest steht, dass Epiktet als junger Mann aus dem kleinasiatischen Phrygien als Sklave nach Rom gebracht wurde, wo er seinem Herrn, Epaphroditos, diente. Dieser erlaubte Epiktet, zu studieren, und so wurde er noch während seiner Zeit als Sklave von dem Stoiker *Gaius Musonius Rufus* unterrichtet.

Nachdem er freigelassen wurde, begann Epiktet selbst, in Rom Philosophie zu unterrichten, und siedelte später nach Nikopolis im antiken Griechenland um. Dort scharte er einige Schüler um sich, viele davon aus wohlhabenden und gebildeten Häusern Roms und Griechenlands. Nicht sicher belegt, aber doch von den meisten Historikern als glaubhaft erachtet, ist eine Begegnung Epiktets mit dem römischen Kaiser Hadrian, den er in die Lehre der Stoa eingeführt haben soll.

Er selbst verfasste keinerlei Schriften, doch seine mündlichen Vorträge galten schon zu seinen Lebzeiten als überaus einflussreich. Einige seiner Schüler, unter anderem Arrian, der heute vor allem für seine Schriften über Alexander den Großen bekannt ist, verfassten Mitschriften von Epiktets Lehre. Diese Mitschriften werden noch heute breit rezipiert und enthalten grundlegende Gedanken zur Stoa.

Epiktet blieb unverheiratet und kinderlos, soll jedoch kurz vor seinem Tod ein Kind adoptiert und mit Hilfe einer Amme großgezogen haben. Er starb um das Jahr 138 n. Chr. in Nikopolis. (Hershbell, 1996)

Dass die Stoa nicht vergessen wurde, liegt nicht nur an Epiktet selbst, sondern auch an einem berühmten Kaiser des Römischen Reiches, der vielen noch heute ein Begriff sein dürfte – Marc Aurel. Als Philosoph unter den Kaisern schrieb er auf Grundlage des Denkens von Zenon und später Epiktet die Selbstbetrachtungen nieder, die heute zum Kanon der Weltliteratur zählen und zudem die wohl bedeutendste schriftliche Überlieferung des neuen Stoizismus sind. Philosophen wie René Descartes („Ich denke, also bin ich"), Baruch Spinoza (einer der Wegbereiter des Rationalismus) und auch Immanuel Kant (Kategorischer Imperativ) lasen Marc Aurel und ließen sich von ihm beeinflussen. Ebenso der preußische König Friedrich II. Sein berühmter Ausspruch „Ich bin der erste Diener meines Staates" knüpft an die Ansichten Marc Aurels zur politischen Führung an.

Marc Aurel

Marc Aurel, lateinisch auch *Marcus Aurelius*, war im Zeitraum von 161 bis 180 n. Chr. Kaiser des Römischen Reiches. Er gilt nicht nur als der letzte Kaiser, unter dem das antike Rom innenpolitisch stabil und prosperierend war, sondern auch als einer der letzten relevanten Vertreter der Stoa. Seine *Selbstbetrachtungen*, die noch heute zahlreich gedruckt und gelesen werden, brachten ihm den Ruf als *Philosophenkaiser* ein.

Marc Aurel wurde am 26.04.121 n. Chr. in Rom geboren, sein Vater und sein Großvater hatten bereits wichtige politische Ämter im Römischen Reich inne. So ist es nicht verwunderlich, dass auch Marc Aurel bereits mit 18 Jahren die Ämterlaufbahn einschlug und zum Konsul, also zu einem Beamten, der römischen Republik wurde. Schon als Teenager soll er äußerst nachdenklich gewesen sein und einen bescheidenen Lebensstil gepflegt haben. Seine philosophische und nachdenkliche Ader wurde durch den Philosophie-Unterricht, den er genoss, noch zusätzlich verstärkt. Im Rahmen dieses Unterrichts lernte Aurel die Stoa und ihre Grundsätze kennen, mit denen er sich identifizieren konnte.

Im Jahre 161 folgte Marc Aurel, der in den Jahren zuvor einen steilen Aufstieg in seinen politischen Ämtern erlebt hatte, schließlich seinem Mentor Antoninus Pius auf den römischen Kaiserthron. Früh etablierte sich das Bild des *Philosophen auf dem Kaiserthron*, da Aurel auch als oberster Herrscher des Großreiches stets besonnen und nachdenklich auftrat. So verfasste der Kaiser die berühmten Selbstbetrachtungen während eines Feldzuges, bei dem er selbst präsent war, um einen germanischen Angriff im Norden des Reiches abzuwehren.

Während er außenpolitisch mit Angriffen und Auseinandersetzungen konfrontiert war, prägte er die Spätphase des Römischen Reiches maßgeblich durch seine Innenpolitik. Auf Grundlage seiner Ideen von Gleichheit und Freiheit passte er unter anderem die Rechtsprechung stark zugunsten von bis dato benachteiligten gesellschaftlichen Gruppen, insbesondere Frauen und Sklaven, an.

Der Philosophenkaiser starb auf einem Feldzug, wo er höchstwahrscheinlich von der damals im gesamten Römischen Reich grassierenden *Antoninischen Pest* (eine Variante der Pocken) dahingerafft wurde. Bis heute genießt Marc Aurel, nicht nur in Philosophen-Kreisen, eine hohe Anerkennung und seine Selbstreflexionen werden heute sowohl von Philosophie-Studierenden als auch von Managern gerne gelesen und als praktische Anleitung zum Leben interpretiert (Demandt, 2018).

Auch in der Moderne gibt es zahlreiche Kurse, Vorlesungen und Ratgeber-Literatur zum Stoizismus und zur Stoa, deren Lehren aus dem dritten vorchristlichen Jahrhundert stammen, aber heute noch genauso aktuell sind wie damals. Noch heute leben wir in einer von Krisen geprägten Zeit und auch heute kann die Besinnung auf das eigene Seelenheil uns helfen, von den besorgniserregenden Ereignissen um uns herum eine innere Distanz zu gewinnen / zu wahren.

Seien Sie unbesorgt, im Folgenden werden wir uns vermehrt praktischen Beispielen und Anwendungsaufgaben widmen, jedoch sollte bei der Betrachtung der Stoa niemals vergessen werden, wie alt ihre Lehren bereits sind und wie aktuell sie dennoch geblieben ist.

Grundannahmen des Stoizismus

Nachdem wir nun die Entstehungsgeschichte des Stoizismus kennen, wenden wir uns den Inhalten der Lehre zu. Da die Stoiker im Laufe der Jahrhunderte keine homogene Einheit bildeten, sondern sich deren Denkansätze jeweils voneinander unterschieden, ist es nicht ohne weiteres möglich, die Grundgedanken der Stoa allgemein wiederzugeben. Grundlegend kann jedoch von drei Säulen ausgegangen werden, die das stoische Denken maßgeblich prägen:

- die *Ethik,*
- die *Logik* und
- die *Physik*.

Die stoische Ethik

Die *Ethik* nimmt in der Lehre der Stoa eine überaus wichtige Rolle ein, viele Stoiker bezeichneten sie sogar als einen menschlichen Trieb, also nicht bloß als eine intellektuelle Überzeugung, sondern als etwas tief im Menschen Verankertes. Ein ethisches Leben bedeutet dabei nach Zenon, *mit sich selbst im Einklang* zu sein.

Die Idee des inneren Einklangs finden wir heute in vielen verschiedenen philosophischen, aber auch religiösen Denkansätzen wieder. So ist auch im Buddhismus die Rede vom Einklang mit sich selbst als Voraussetzung für den Einklang mit dem Universum; im Christentum heißt es, man solle seine Feinde lieben wie sich selbst, was aber auch impliziert, dass man sich selbst lieben soll, und auch in modernen Meditations- oder Yoga-Kursen wird man auf die Idee des inneren Einklangs stoßen.

Die späteren Stoiker erweiterten diese Idee um den *Einklang mit der Umwelt,* womit sowohl die belebte Natur als auch der Kosmos, das Große und Ganze, gemeint ist. Diese Idee findet sich im Buddhismus sowie der antiken indischen Philosophie und wird im Okzident, also dem Westen, nach den Stoikern erst wieder von Baruch Spinoza aufgegriffen. Im Einklang mit sich selbst zu leben bedeutet, enthaltsam und tugendhaft zu leben, denn der Einklang mit sich selbst ist nur möglich, wenn man nach den Grundsätzen der *Tugend* lebt. In Abgrenzung hierzu steht bei den Stoikern die *Lust*, die jedoch nicht notwendig befriedigt werden muss, um ein glückseliges Leben zu führen – hierzu genügt einzig und allein die Tugendhaftigkeit. Wer tugendhaft und genügsam lebt, ist sich selbst genug. Die Selbstgenügsamkeit wiederum wird mit einem Begriff beschrieben, der noch heute gebräuchlich ist: *Autarkie*.

Autarkie ist ein stoisches Ideal und beschreibt die Abwesenheit von Leidenschaften. So werden Lust, Begierde und auch Trauer als untugendhaft angesehen, was bedeutet, dass der wahrhaft tugendhafte Mensch sich von diesen Emotionen lösen muss. Heute wissen wir selbstredend, dass die Unterdrückung sämtlicher Emotionen und auch Triebe auf lange Sicht schädlich für den Menschen ist. Spätestens Sigmund Freud und die Psychoanalyse haben aufgezeigt, dass unterdrückte Triebe sich ihren Weg nach außen in Form von Triebabfuhren suchen. Der Mensch unterdrückt seine Triebneigungen, etwa den Sexualtrieb oder auch den Todestrieb, um gesellschaftlichen Konventionen zu entsprechen. Ein ungehemmtes Ausleben des Sexualtriebes wäre beispielsweise gesellschaftlich nicht akzeptiert. Kann dieser jedoch auch in einem privaten Rahmen nicht ausgelebt werden und wird so dauerhaft unterdrückt, wird er sich laut Freud früher oder später einen Weg nach „draußen" suchen, etwa in Form eines Sexualverbrechens oder wiederum in Form von Ersatzhandlungen, also etwa in missbräuchlichem Verhalten anderen Menschen gegenüber, das unmittelbar auf den unterdrückten Sexualtrieb zurückzuführen ist. Eine Dauerunterdrückung menschlicher Triebe ist also nicht förderlich für die mentale Gesundheit.

Daher sollte in einer modernen Interpretation die Unterdrückung der Triebe nicht im Mittelpunkt stehen. Sehr wohl bleibt aber die *Kontrolle* von Emotionen ein entscheidender Punkt. Wer lernt, mit seinen Emotionen umzugehen und diese positiv zu verarbeiten (nicht zu verdrängen), ist auf dem besten Wege, im Einklang mit sich selbst zu stehen, was – wie wir gelernt haben – die Voraussetzung aller Tugend ist. Eine gesunde Reflexion und ein gesunder Umgang mit den eigenen Gefühlen können also als Grundlage stoischer Ethik betrachtet werden.

Tipps und Übungen:
Im Alltag fällt es oftmals nicht leicht, mit komplexen negativen Emotionen umzugehen, da wir sie als zusätzliche Belastung zu unserem ohnehin oft stressigen Leben empfinden. Jedoch ist unser Umgang mit Emotionen nicht biologisch festgelegt, zwar gibt es gewisse genetische Anlagen und auch Prägungen, die unseren Umgang mit Gefühlen beeinflussen, man kann den Umgang mit negativen Emotionen aber erlernen.

Gefühle zulassen
Ein wichtiger Aspekt ist dabei, sich die eigenen Gefühle einzugestehen und, wieder einmal, zu reflektieren, welche Emotionen uns belasten. Gestehen Sie sich ein, wenn Sie mit emotionalen Empfindungen überfordert sind, und stehen Sie unter Umständen auch dazu, ein wenig sensibel zu sein. Empfindsame Menschen sind zwar anfälliger für eine Belastung durch negative Emotionen, sie sind auf der anderen Seite aber auch empathischer und einfühlsamer, haben also durchaus auch sehr positive Seiten.

Atemübungen
Eine Übung, die der klassischen Meditation entlehnt ist, ist etwa die Steuerung des Atems. Konzentrieren Sie sich auf jeden Atemzug, wenn Ihre Gedanken abschweifen (vornehmlich, wenn sie es in eine negative Richtung tun), und holen Sie diese über Ihre Atmung wieder zurück. Bleiben Sie konzentriert und ruhig, die Atmung hilft sowohl Ihrem Körper (Senkung des Blutdrucks und der Herzfrequenz) als auch Ihrem Geist. Ebenfalls mit einer gedanklichen Technik können Sie Ihr Mitgefühl und Ihre Empathie trainieren. Denken Sie dazu an einen geliebten Menschen und sagen Sie, wie bei einem Mantra, immer wieder: „Er möge frei von Leid / Wut / Trauer sein." Wiederholen Sie diesen Satz immer wieder und weiten Sie Ihre Gedanken dann auf andere Menschen aus.

Kognitive Umstrukturierung
Die klassische Verhaltenstherapie kennt zudem die kognitive Umstrukturierung. Hierbei werden Sachverhalte neu bewertet und mit positiven Emotionen versehen. Die Erkenntnis, grundsätzlich okay zu sein, steht hier im Vordergrund und negative Wahrnehmungen werden grundsätzlich hinterfragt und ins Positive gewendet.

Auch die Stoiker selbst waren sich im Übrigen dessen bewusst, dass eine einhundertprozentige Tugendhaftigkeit in der Praxis nicht immer realisierbar ist. So wurden Inkonsequenzen geduldet, solange sie im Großen und Ganzen der guten Sache, also der Tugend, dienten. Auch der Staat, das Justizsystem und auch Systeme wie die Ehe wurden von den Stoikern akzeptiert, solange das Individuum innerhalb dieser Systeme nicht am ethischen Handeln gehindert wurde. Der Einklang mit der Umwelt wurde also auch schon damals mit der Akzeptanz der gegebenen Umstände in Verbindung gesetzt. Die Umstände zu akzeptieren heißt wiederum, die Umwelt zu akzeptieren, ebenso wie die eigenen Grenzen, denn das, was man selbst nicht ändern kann, sollte nicht Gegenstand (negativer) Gedanken sein. Auf diesen überaus entscheidenden Aspekt der Stoa werden wir zu einem späteren Zeitpunkt in aller gebotenen Ausführlichkeit eingehen.

Trotz der Schwäche, dass die Ideale der stoischen Ethik in voller Konsequenz nicht erreicht werden können, formuliert sie doch erstmals die Idee der Tugendhaftigkeit und der *Pflichtethik*, wie Immanuel Kant es später treffend formulierte. Der Verzicht, die Enthaltsamkeit und die damit verbundene Selbstwirksamkeit werden in den Mittelpunkt gestellt und können uns noch heute eine moralische Orientierungshilfe bieten. Wenn wir tugendhaft und enthaltsam sind, stehen wir im Einklang mit uns selbst und anderen.

Zusammengefasst:

- Ein gutes Leben ist nur möglich, wenn man im Einklang mit sich selbst und im Einklang mit der Umwelt, die einen umgibt, steht.
- Dieser Einklang erfolgt durch ein enthaltsames Leben, das sich nicht nach der Lust, sondern einzig nach der Tugend ausrichtet.
- Wer der Tugend folgt, genügt sich selbst und ist damit autark, also in der Lage, über sein eigenes Leben zu bestimmen.
- Systeme sind dann zulässig, wenn sie die Tugendhaftigkeit fördern oder sie nicht behindern. Die Akzeptanz bestehender Systeme führt zu einem besseren Einklang mit ihnen.

Die stoische Logik

Die Logik des Stoizismus lässt sich, laut der einschlägigen Literatur, in zwei Teile untergliedern:

- die *Rhetorik* und
- die *Dialektik*.

Die *Rhetorik* umfasst die klassische Redekunst, wie sie etwa Cicero, einer der bedeutendsten Redner der Antike, anwandte und die wir noch heute mit dem Begriff der Rhetorik beschreiben. Cicero, seines Zeichens Anwalt, Philosoph und Politiker in Rom, machte sich durch die Anwendung der Redekunst in politischen Reden, die zum Beispiel gegen seinen Widersacher Catilina gerichtet waren, einen Namen. Insbesondere die Verwendung von rhetorischen Stilmitteln, die wir noch heute kennen, etwa die Metapher, die Alliteration oder die rhetorische Frage, wird oft mit Ciceros Rhetorik in Verbindung gebracht. Doch auch etwa die Poesie, die Grammatik und die Musik wurden von den Stoikern in den Bereich der Rhetorik eingeordnet. Die Stoa nahm somit auch einen großen Einfluss auf die systematische Entwicklung der Grammatik, denn nach stoischer Logik gab es einen Unterschied zwischen Worten (*Bezeichnendes*) und Gedanken (*Bezeichnetes*). Nach dieser Logik beschreiben wir heute zum Beispiel Subjekte und Objekte in Sätzen: Die Frau [Subjekt; Handlung] isst einen Apfel [Objekt; passiv].

Gerade in unserer heutigen Zeit, in der Sprachsensibilität eine große Rolle spielt und in der wir darüber diskutieren, ob man veraltete Begriffe aus dem Sprachgebrauch streichen sollte, da sie einen rassistischen oder sexistischen Hintergrund haben, ist die systematische Beschäftigung mit Sprache ein äußerst relevantes Thema. Philosophen wie der Österreicher Ludwig Wittgenstein oder der Amerikaner Noam Chomsky bezogen sich somit (indirekt) auf die Stoa, wenn sie zur Wirkung von Sprache forschten. Doch auch abseits theoretischer Überlegungen und politischer Diskurse bietet die Logik der Stoa alltagsnahe Anknüpfungspunkte, womit wir bei der zweiten Säule der stoischen Logik angelangt sind:

Die *Dialektik* beinhaltet die Lehre von Werten und Normen sowie deren Entstehung. Die Stoiker verfolgen dabei einen Ansatz, der von der modernen Psychologie noch immer verfolgt wird. Bei der Geburt, so die Stoa, seien wir alle unbeschriebene Blätter, die Dinge der Außenwelt, also äußere Einflüsse, drückten sich schließlich in den Menschen hinein, wie ein Siegel in warmes Wachs. Die Außenwelt hinterlasse Erinnerungen in der Seele der Menschen, die später zu Erfahrungen verarbeitet würden. Diese Vorstellung ist erstaunlich nah an dem Konzept der Prägung im psychologischen Sinne. Auch hier spricht man von Erfahrungen, die sich in das Unbewusste des Menschen einbrennen und sein Verhalten in späteren Situationen beeinflussen. Sogar das verwendete Bild ist ähnlich – Prägung stammt aus der Vorstellung, dass der

Mensch wie eine Münze mit einem Emblem *geprägt* wird, während die Stoiker von einem Siegel auf Wachs sprechen. Die Stoiker verstanden also bereits in der Antike etwas von den Auswirkungen von Erfahrungen auf die menschliche Seele, die wir auch heute niemals außer Acht lassen sollten. Die Reflexion über eigene Erfahrungen wird Ihnen in vielen Lebenssituationen weiterhelfen und kann Probleme, die Ihnen in Ihrem Alltag begegnen, erklären.

Übungen:
Eine gängige Methode zur Reflexion ist das Tagebuch oder auch das Abendritual.

Tagebuch
Schreiben Sie Ihre Erfahrungen und Erlebnisse des Tages nieder, das kann in einem klassischen Buch oder auch auf dem Handy sein. Halten Sie darin Ereignisse des Tages fest, egal, wie banal sie auf den ersten Blick erscheinen mögen. Überlegen Sie genau, was Sie erlebt haben, und vor allem, *wie* Sie es erlebt haben. Lassen Sie dabei auch Ihr eigenes Verhalten nicht außen vor. Schreiben Sie also nicht nur auf, was Sie erlebt haben, sondern auch, was Sie getan haben. Hatte Ihr Handeln wiederum Einfluss auf andere?

Abendritual
Anstatt die Situationen schriftlich festzuhalten, gehen Sie den vergangenen Tag in Form eines Abendrituals gedanklich durch. Am besten eignet sich dafür die Zeit kurz vor dem Zubettgehen. Wenn wir erst einmal im Bett liegen, sollten wir versuchen, unsere Gedanken möglichst wenig kreisen zu lassen. Wenn Sie also vorher in Ihren Gedanken aufräumen, werden Sie nicht nur mit einem geruhsamen Schlaf, sondern zusätzlich mit einer praktischen Übung zur Selbstreflexion belohnt. Gehen Sie den vergangenen Tag chronologisch durch und stellen Sie genau dieselben Fragen wie bei der Tagebuchnotiz. Was habe ich erlebt, wie habe ich es erlebt und was habe ich getan, was wiederum andere beeinflusst?

Sie werden sehen, dass Sie mit der konsequenten Befolgung dieser Techniken ganz alleine und ohne großen zeitlichen Aufwand Ihre Selbstreflexion massiv verbessern können.

Die Stoiker gingen weiterhin davon aus, dass erst die Fähigkeit zur Beurteilung der eigenen Prägung, also das logische, kritische Hinterfragen, eine wahrhafte *Erfassung* der Dinge bedeute. Die Stoa prägte damit eine frühe Erkenntnistheorie und lehrt uns heute, dass wir unsere Prägungen, unsere Erfahrungen und die damit verbundenen Wertvorstellungen stets kritisch reflektieren sollten. Nehmen Sie an, Sie befinden sich in einem Einstellungsgespräch und versuchen, eine menschliche Nähe zu dem Ihnen gegenübersitzenden Personaler aufzubauen. Sie werden jedoch von bestimmten Vorurteilen begleitet, Sie können den Mann emotional nicht recht greifen und es fällt Ihnen somit schwer, den angemessenen Ton ihm gegenüber zu finden. Weder wollen Sie zu arrogant wirken (schließlich wollen Sie die Stelle haben, die er zu vergeben hat) noch wollen Sie Ihre Unsicherheit mit übertriebener Demut (Sie wollen zeigen, dass Sie am Arbeitsplatz Führungsstärke ausstrahlen können) kaschieren.

Überlegen Sie also, *warum* Sie sich schwertun, eine emotionale Bindung herzustellen. Liegt es an der Frisur? Hat nicht ein früherer Lehrer, mit dem es häufig Konflikte gab, genau dieselbe Frisur gehabt? Erinnern wir uns in diesem Moment an unser Schüler-Ich zurück, das sich gedemütigt, aber auch außerstande fühlt, gegen diese Demütigung zu rebellieren? Erkenntnis ist der erste Weg zur Besserung und sobald Sie erkennen, welchen Einflüssen und Prägungen Sie unterliegen, können Sie bewusst dagegen ansteuern („Er hat mit meinem Lehrer nichts zu tun"). In dieser Situation könnten Sie zum Beispiel gar eine positive Wendung versuchen: „Er trägt eine grüne Krawatte. Mein Onkel, der immer mit mir auf dem Spielplatz war, trug auf Familienfeiern ebenfalls eine grüne Krawatte."

Auf den ersten Blick mag dieses Beispiel banal klingen, doch Untersuchungen zeigen, dass Sympathie und Antipathie gerade bei Einstellungsgesprächen enormen Einfluss auf den Ausgang des Gesprächs haben können, häufig mehr als die formale Qualifikation des Bewerbers (Ansorge & Leder, 2017). Wo immer zwischenmenschliche Beziehungen zum Tragen kommen, werden Prägungen und Erfahrungen mit verarbeitet. Daher ist es ungemein wichtig, diese zu reflektieren.

Fun Fact:
Der noch heute als Inbegriff des Psychologen bekannte Vater der Psychoanalyse, Sigmund Freud, ließ sich insbesondere in seinen kulturkritischen Werken von Philosophie und Erkenntnistheorie inspirieren. Sein Konzept des Unbewussten sowie die Idee der frühkindlichen Prägung finden sich bereits in den Überlegungen der alten Stoiker wieder (das, was wir beeinflussen können, contra das, was wir nicht beeinflussen können; Erinnerungen in der Seele des Menschen etc.) (Guckes, 2004).

Zusammengefasst:

- Die stoische Logik unterscheidet zwischen der Rhetorik, also der Untersuchung sprachlicher und logischer Figuren, und der Dialektik, welche die Entstehung von Werten durch Erfahrungen (Prägung) untersucht.
- Die Erkenntnis, dass unsere Werte durch Prägung, also unbewusste Faktoren, bestimmt sein können, führt zu einer Notwendigkeit der Reflexion.
- Durch eine gesunde Selbstreflexion kann es uns gelingen, unseren Alltag frei von Konflikten und Vorurteilen zu gestalten.

Die stoische Physik

Auch mit der Physik – oder etwas allgemeiner formuliert: der *Naturlehre* – haben sich die Stoiker auseinandergesetzt. Dabei hatten sie ein ganzheitlich-einheitliches (*monistisches*) Konzept der Natur. Körper und Geist sind laut der stoischen Lehre eine Einheit, ebenso der Körper und die stoffliche Welt um ihn herum. Aus diesem Verständnis ergibt sich der notwendig geforderte Einklang mit sich selbst und mit der Umwelt. Wenn alles eins ist, wenn der Körper gleich dem Geist und gleich dem Stoff ist, der uns umgibt, führt eine Trennung dieser Einheiten zu einem kosmischen Ungleichgewicht. Wer mit sich selbst nicht *eins* ist oder mit seiner Umwelt nicht *eins* ist, gefährdet nicht nur die eigene Ordnung, sondern die Ordnung der Dinge selbst.

Selbst metaphysische Dinge wie Tugenden oder Triebe, das Laufen, das Tanzen oder die Wahrheit werden als stofflich und damit als körperlich betrachtet. Die Stoiker betrachten lediglich den Raum, die Zeit und die Gedanken als nicht physische Objekte. Auch hiermit sind sie erstaunlich nah an moderner Wissenschaft, untersuchte doch zum Beispiel Albert Einstein das Verhältnis von *Raum* und *Zeit* als Relation, und auch die Idee der Gedanken als immaterielles Gut wird von der Philosophie über die Jahrhunderte hinweg immer wieder aufgegriffen; oder, um es mit den Worten von Hoffmann von Fallersleben, einem deutschen Hochschullehrer, zu sagen: *Die Gedanken sind frei* und somit auch frei von Stofflichkeit.

Doch was folgt in der Praxis daraus, dass die Gedanken frei und frei von Materie sind? Körper und Geist sind demnach voneinander getrennte Sphären, die aber doch ineinandergreifen. Das sogenannte *Leib-Seele-Problem* beschäftigte Philosophen wie den Franzosen René Descartes ebenso wie den Deutschen Arthur Schopenhauer, aber wiederum auch viele Psychologen. Die Antwort der Stoiker könnte man etwas verkürzt in einem römischen Ausspruch wiedergeben: *Mens sana in corpore sano* – ein gesunder Geist (wohnt) in einem gesunden Körper.

Die Beziehung zwischen Geist und Körper ist nicht zu leugnen, denn die Tugend beispielsweise wird von der Stoa als stofflich angesehen. Die Gedanken, die wir haben, sind aber maßgeblich von Vorstellungen der Moral und der Tugend geprägt. Wenn wir einen Vater sehen, der sein Kind schlägt, denken wir: „Was für ein schrecklicher Vater, so etwas sollte man niemals tun." Dieser Gedanke entspringt jedoch unserer Moralvorstellung, laut der Gewaltanwendung gegen Kinder etwas Unmoralisches darstellt. In früheren Epochen hätte man das Verhalten des Vaters als normal empfunden. Unser Denken ist also von unserer Tugendvorstellung determiniert, weshalb der Körper (das Physische) großen Einfluss auf das Seelische (das Psychische) hat.

Durch die von den Stoikern vertretene Idee der Selbstbeherrschung und der Genügsamkeit wird der Körper gesund gehalten, er wird nicht durch übermäßigen Tabak-, Alkohol- oder Nahrungskonsum geschädigt, sondern er bleibt gesund genug, um einem gesunden (reinen) Geist ein Zuhause zu bieten. Zwar ist die Disziplin kein Selbstzweck, aber sie ermöglicht es, klar zu denken und mit sich im Reinen zu bleiben. Achten Sie daher auf Ihren Körper und bieten Sie ihm genügend Erholung und Entspannung. Anderenfalls werden Sie merken, dass Sie körperlich angespannt und damit auch mental unflexibler und reizbarer sind. Die Stoa beantwortet die Leib-Seele-Problematik sozusagen mit dem simplen Auftrag, beides zu pflegen, um den inneren Einklang nicht zu gefährden.

Zusammengefasst:

- In der Vorstellung der Stoa sind beinahe alle Dinge, die uns umgeben, stofflich.
- Der Körper ist so mit seiner Umwelt und auch mit der Seele verknüpft.
- Die Gedanken sind nicht stofflich, werden aber von der materiellen Sphäre beeinflusst, weshalb von Enthaltsamkeit und Tugendhaftigkeit sowohl Körper als auch Geist profitieren.

Der Mensch als Teil der Weltordnung

Eng mit dieser physikalisch-naturtheoretischen Überlegung ist das Menschenbild des Stoizismus verbunden. Hier wird es nun etwas abstrakt, denn der Mensch in der Weltordnung der Stoa unterscheidet sich zum Beispiel vom Menschen in der Weltordnung des Christentums doch gewaltig. Es handelt sich um eine spirituelle Auffassung des Menschen und des Kosmos, die wir dennoch kurz zum besseren Verständnis der Stoa betrachten sollten:

- Der Mensch ist Teil von etwas Größerem als ihm selbst, er ist Teil der geordneten Welt, die bei den alten Griechen *Kosmos* hieß (das Gegenteil hiervon wäre die ungeordnete Welt, das *Chaos*).

- Es gibt eine sogenannte Urkraft, die häufig als ein Feuer (altgriechisch: *Pür*) beschrieben wird, welches die Welt durchfließt und dabei wärmt und beseelt. Dieses Durchströmen wiederum wird mit dem Begriff *Pneuma* (für Atem oder Hauch) beschrieben.

- Diese Urkraft ist jedoch nicht martialisch oder unbändig, wie man sich eine Naturgewalt oder ein gigantisches Feuer vorstellen würde, sondern sie folgt gewissen Regeln und vor allem einem Plan. Die Urkraft ist in der Vorstellung der Stoiker nicht nur geordnet, sie ist sogar vernünftig (*Logos*). Dieser Logos bestimmt über die Vergangenheit, die Gegenwart und die Zukunft. Nichts, was auf der Welt passiert, ist also ohne einen Grund, ohne einen tieferen Sinn, alles geschieht im Sinne des Logos. Diese Vorstellung findet sich zum Beispiel auch im christlichen Glauben im *Plan Gottes* wieder, der die Geschicke der Menschen ordnet und bei manchen protestantischen Glaubensgruppen zur sogenannten Prädestinationslehre ausgeweitet wurde, wonach alles mit dem Zeitpunkt unserer Geburt vorbestimmt ist und unsere Erlebnisse auf der Erde lediglich Signale von Gott seien, uns anzudeuten, wohin unser ewiger Weg nach dem Tod gehen könnte; durch Handlungen könne man das Schicksal aber nicht beeinflussen (Weber, 1904/2012).

- Ein freier Wille des Menschen ist nur sehr begrenzt vorhanden, was eine erneute Gemeinsamkeit zu den psychoanalytischen Erkenntnissen Sigmund Freuds darstellt. Daher sei es, ähnlich der Prädestinationslehre, sinnlos, sich gegen das Schicksal zu stellen. Der wahrhaft weise Mensch (*Sophos*) erkennt, dass er sein Schicksal nicht verändern kann (das, was man nicht beeinflussen kann) und dass es daher klüger ist, sich mit diesem zu arrangieren. Auch wenn das Schicksal grausam erscheinen mag, ist die Einwilligung der Weg zur Gelassenheit.

- Der Mensch ist in der stoischen Vorstellung noch stärker von der Urkraft, dem Urfeuer, beseelt als andere Lebewesen in der Natur. Daher ist der Mensch zur Vernunft und zur Tugendhaftigkeit fähig. Das Leben in einer vollkommenen Tugend führt in den Zustand der Weisheit (*Sophia*), vergleichbar mit der Erleuchtung eines Propheten in einer der großen monotheistischen Religionen.

Der Mensch als Triebwesen

Dennoch ist der Mensch nicht von Grund auf vernünftig, es bedarf vielmehr einer gewissen Anstrengung, in den Zustand der Vernunft zu gelangen, denn es gibt starke (Trieb-) Kräfte, die der Vernunftbegabung des Menschen entgegenstehen und diese an der freien Entfaltung hindern. Insbesondere die leidenschaftlichen Gefühle, die *Affekte*, sind es, die den Menschen verführen, seinen Trieben nachzugeben. Den Trieben nachzugeben, sorgt für Leid (Pathos) bei den Menschen, weshalb man sich gegen die Affekte wehren müsse. Laut den antiken Stoikern gibt es vier Affekte, die den Menschen negativ beeinflussen:

Lust:

Man erfreut sich an äußeren Reizen und scheinbar schönen Dingen.

Begierde:

Man strebt nach der Lust.

Schmerz:

Man leidet unter etwas scheinbar Schlechtem und erträgt es nicht.

Furcht:

Man fürchtet sich vor dem Schmerz und will ihn vermeiden.

Diese vier Affekte kennen zahlreiche Untergruppen, so werden Eifersucht oder Neid der Kategorie des Schmerzes zugeordnet, starke Gefühle wie Liebe und Hass fallen unter den Affekt der Begierde etc. Der Weise, also der echte Stoiker, hat diese Affekte überwunden, denn wer diesen blind folgt, verhält sich wie ein Tier. Insbesondere in Gruppen könnten die Affekte sich potenzieren und die Grenze zwischen zivilisierten Menschen und wilden Tieren verschwämmen. Diese Feststellung trifft auch der französische Arzt und Psychologe Gustave Le Bon Ende des 19. Jahrhunderts in seinem berühmten Werk *Psychologie der Massen*. Le Bon beschreibt die Masse als irrational und triebgesteuert, Überlegungen, das heißt Weisheit, hätten hier keinen Platz, weshalb die Masse leicht zu beeinflussen und leicht zu steuern sei (Le Bon, 1911/2009).

Die Stoa setzt also einer kollektivistischen Masse, die vornehmlich im Affekt handelt, die individuelle Vernunftbegabung des Menschen entgegen. Die sicherlich richtige Botschaft lautet: Schwimmen Sie nicht nur mit dem Strom, lassen Sie sich nicht nur von der Masse beeinflussen, sondern denken und handeln Sie selbst mit der rationalen Vernunft, die Ihnen als Mensch gegeben ist. Die modernen Stoiker haben jedoch durchaus erkannt, dass die vollständige Unterdrückung von Trieben keine Option ist und auf Dauer zu mentalen Problemen beim Menschen führen kann. Daher ist in moderneren Interpretationen der stoischen Lehre oftmals von einem gesunden Maß zwischen zu wenigen Affekten und zu vielen Affekten die Rede. Zu viele Affekte führen schließlich in die Gleichgültigkeit, die *Apathie*.

Zusammengefasst:

- Der Mensch ist ein triebhaftes Wesen.
- Die Unterdrückung der Triebe ist allerdings ein entscheidender Aspekt zur Erlangung einer höheren Stufe von Bewusstsein.
- Die Stoa appelliert an die individuelle Vernunft eines jeden Menschen.

Die Gleichgültigkeit des Menschen

Eine vollkommene emotionale Gleichgültigkeit ist nicht gewünscht und kann von emotionalen Wesen, wie es Menschen nun einmal sind, nur schwer verlangt werden. Apathie ist also nicht das Ziel, sondern vielmehr ein gewisser Gleichmut, eine *Gelassenheit* den Dingen gegenüber. Sie haben vielleicht schon einmal den Satz gehört: „Er erträgt es mit stoischer Ruhe." Diese stoische Ruhe bedeutet, dass man nicht von Ängsten oder von Stress getrieben ist, sondern mit sich selbst im Reinen eine vollkommene Ruhe bewahren kann.

Da in der Philosophie der Stoa zum Beispiel materielle Güter keine Rolle spielen, gibt es keinen Grund, sich Gedanken darüber zu machen, wie man solche Güter anhäufen oder verteidigen kann. Während ein Materialist sich ständig überlegen muss, wie er seinen materiellen Wohlstand mehren kann, und – hat er ihn einmal aufgebaut – in der ständigen Angst leben muss, dass ihn jemand bestiehlt, lebt der Stoiker in dem Bewusstsein, dass die An- oder Abwesenheit von materiellen Gütern gleichgültig ist. Er ist also wesentlich gelassener als der Materialist. Der deutsche Philosoph Karl Marx schreibt in der *Kritik der politischen Ökonomie*, dass beim Idealisten das Bewusstsein das Sein bestimmt, bei den Materialisten aber das Sein das Bewusstsein (Marx, 1859/2017). Marx teilt also die Auffassung mit den Stoikern, dass ein Zustand des materiellen Strebens zu einem verengten Bewusstsein führt, wohingegen derjenige, der auf Grundlage seines Bewusstseins lebt, freier ist.

Dieser Aspekt bringt die *Selbstgenügsamkeit* treffend auf einen Punkt. Der Mensch genügt sich selbst, weil er die anderen und vor allem das Materielle nicht benötigt, um seinem eigenen Bewusstsein zu folgen. Die Stoiker streben also keine emotionale Gleichgültigkeit anderen gegenüber an, sondern vielmehr eine emotionale Distanz zu den Dingen, die außerhalb des eigenen Einflusses stehen. Verantwortlich kann ich nur für das sein, was ich selbst beeinflussen und steuern kann, wofür ich nicht verantwortlich bin, kann ich wiederum nicht kontrollieren, weshalb ich es mit einer stoischen Ruhe ertragen sollte.

Zusammengefasst:

- Gleichgültigkeit bedeutet nicht mangelnde Solidarität oder mangelndes Interesse an anderen, sondern vielmehr eine Gelassenheit den Dingen gegenüber.
- Selbstgenügsamkeit ist ein hohes Ideal der Stoa. Anstatt nach materiellen Gütern zu streben, soll der Mensch zufrieden mit dem sein, was er hat.

Die Verantwortung des Menschen

Die Gleichgültigkeit gegenüber den Dingen, die wir nicht beeinflussen können, bedeutet nicht, dass der Mensch grundsätzlich gleichgültig sein sollte bzw. dass er keine Verantwortung trägt. Aus der Vernunft und der Einsicht wächst laut der Stoa auch eine Verantwortung; nämlich die, sich um die Mitmenschen und das Staatswesen zu kümmern. Geht man davon aus, dass der Stoiker den höchsten Stand der Erkenntnis und der Weisheit erreicht hat, so muss er diesen mit den anderen Menschen um ihn herum teilen, denn diese haben unter Umständen den Zustand der Erkenntnis noch nicht erreicht.

Interessant und wiederum aktuell ist an dieser Stelle, dass die Stoiker eine überaus umfassende Definition von Mitmenschen an den Tag legen. Gemeint sind hiermit keinesfalls bloß die eigene Familie, der Freundeskreis oder die Nachbarschaft und auch an Stadt- und Ländergrenzen macht die Stoa nicht Halt. In jedem Menschen wohnt der Logos, das heißt, jeder Mensch ist vernunftbegabt – daraus ergibt sich, dass die Menschen miteinander verbunden sind, so wie der Mensch auch mit dem Kosmos als Gesamtes verbunden ist. Aus dieser Erkenntnis ergibt sich eine verpflichtende *Solidarität* der Menschen untereinander. Nicht die Nationalität oder die Herkunft sind entscheidend, sondern einzig und allein, dass der Mensch vernunftbegabt ist.

Aus der Idee des Stoizismus erwächst also eine heute nach wie vor aktuelle Botschaft der *Toleranz*. Ähnlich wie im Buddhismus oder auch im Christentum, wo die Liebe des Nächsten und sogar der Feinde, insbesondere in der Bergpredigt, explizit hervorgehoben wird, ist es eine Pflicht für jeden Stoiker, die Menschen um sich herum anzuerkennen. Stoiker zu sein bedeutet also auch, keine rassistischen, sexistischen, antisemitischen oder antimuslimischen Vorurteile zu haben, sondern mit Offenheit gegenüber dem Fremden, dem Anderen, durch die Welt zu gehen. Die Idee der *Einen Welt*, die gerne von der Friedens- und Solidaritätsbewegung zitiert wird, findet sich in der holistischen, das heißt umfassenden, Sicht des Kosmos der Stoiker bereits wieder.

Wir haben also gelernt, dass zu unserem gemeinsamen Kosmos nach Sicht der Stoiker nicht nur der Mensch, sondern auch die belebte und teils sogar die *unbelebte* Natur zählt. Die Solidarität und die Verantwortung des Menschen hören also nicht bei den eigenen Mitmenschen auf, sondern müssen vielmehr auch auf Tiere und die Umwelt als solches ausgeweitet werden. So beziehen sich etwa überzeugte Vegetarier und Tierethiker gerne auf die Stoa und ihr Bild, dass auch die Tiere Teil der physischen Welt sind und wir daher eine große Verantwortung für sie tragen. Der bekannte utilitaristische Philosoph und Tierethiker Peter Singer nimmt zum Beispiel in seinem Werk *Praktische Ethik* zumindest implizit Bezug auf die stoische Idee des gemeinsamen Kosmos und der „spezies-übergreifenden" Solidarität (Singer, 1979). Daraus folgt nicht einmal zwingend, dass der Mensch ein *absolutes* Verbot befolgen muss, wonach das Essen von Tieren oder die Nutzbarmachung von deren natürlichen Ressourcen (Wolle, Häute, ggf. Eier, Milch etc.) verboten sei, sondern im Mittelpunkt der Überlegungen steht ein verantwortungsvoller Umgang mit den Tieren. Massentierhaltung und Überproduktion von billigem Fleisch sind also vom Gesichtspunkt der Stoiker nicht bloß fragwürdig, sondern definitiv als unmoralisches Verhalten zu missbilligen.

Ebenso verhält es sich mit der Nutzbarmachung von Land und der Ausbeutung der Natur. Es ist dem Menschen nach stoischer Philosophie selbstredend erlaubt, zum Beispiel Ackerbau zu betreiben und das Wasser der Flüsse, die Steine oder das Holz zu nutzen, um sich eine Behausung zu bauen. Auf diese Art entsteht eine *Resonanz* mit der Natur, die der Verantwortung des erkennenden, aufgeklärten Stoikers gegenüber der Umwelt gerecht wird. Der Raubbau, den die Menschen jedoch aktuell noch immer an der Natur betreiben, die Verschmutzung von Meeren durch Plastikmüll, die Verpestung der Luft durch Industrieabgase oder die globale Erwärmung durch den Ausstoß von Treibhausgasen sind allesamt Aspekte, in denen wir unserer Verantwortung für die Umwelt und für die Natur zuwiderlaufen. Da sich der Mensch auf einem höheren Stand der Erkenntnis befindet als die unbelebte Natur, ist er in der Verantwortung ihr gegenüber und muss sich entsprechend verhalten.

Aus der antiken Philosophie der Stoa lässt sich also eine brandaktuelle Forderung nach einer stärkeren *Verantwortung* und einem besseren *Einklang* des Menschen mit der Natur ableiten. Wenn Sie also Argumente benötigen, um jemanden von der Notwendigkeit eines besseren Umweltschutzes zu überzeugen, probieren Sie es doch einmal mit der stoischen Philosophie.

Zusammengefasst:

- Die Stoa sieht den Menschen in einer großen Verantwortung seinen Mitmenschen und der Natur gegenüber.
- Seine Eigenschaft als *vernünftiges Wesen* verpflichtet ihn zu dieser Toleranz.
- Der wahrhaft Weise muss seiner Verantwortung gerecht werden.

Das Ziel des Menschen

Wie Sie selbst gesehen haben, sind die Anforderungen der Stoa nicht unbedingt leicht zu erfüllen. Es wird vieles von den Menschen erwartet, doch die Erfüllung der Gebote sorgt laut den Stoikern dafür, dass der Mensch in eine Art *gottgleichen Zustand* übergeht. Der wahrhaft tugendhafte, vernünftige und ethisch handelnde Mensch erreicht demnach eine höhere Entwicklungsstufe als die gewöhnlichen Menschen, ähnlich etwa Nietzsches Konzept des *Übermenschen.*

Nietzsches „Übermensch"

Nietzsches Übermensch wird fälschlicherweise oft mit dem Begriff des Herrenmenschen, der in der nationalsozialistischen Ideologie auftaucht, verwechselt oder gleichgesetzt. Tatsächlich entwirft der deutsche Philosoph Friedrich Nietzsche (1844–1900) damit aber lediglich einen *Idealmenschen*. Es handelt sich also um eine Person, die über das Leben der durchschnittlichen Menschen hinaus strebt, heute würden wir vermutlich sagen, die ambitionierter ist als die meisten.

Nietzsche führt in seinen Werken *Menschliches, Allzumenschliches* sowie *Also sprach Zarathustra* aus, dass es die Aufgabe des Menschen sei, eine Gattung hervorzubringen, die ihm selbst überlegen ist – der Mensch soll also für die Existenz eines höher entwickelten Übermenschen sorgen, indem er gewisse Entwicklungsschritte vollzieht.

Ähnlich wie die Stoiker ist auch Nietzsche der Ansicht, dass nicht alle Menschen diesen höheren Zustand erreichen können. Er bezieht sich dabei allerdings weniger auf die geistige Unvollkommenheit des Menschen, sondern eher auf die biologischen Erkenntnisse u. a. Charles Darwins, wonach nur der Teil einer Gattung überlebt, der in der Lage ist, sich am besten anzupassen.

Etwas ketzerisch könnte man sagen, dass Nietzsches Herrenmensch lediglich ein Prototyp für die Selbstoptimierungsvorstellungen des Social-Media-Zeitalters war. Um jedoch eine positive Botschaft aus Nietzsches oft düsteren Werken zu formulieren: In uns steckt mehr, wir sind nicht gezwungen dazu, auf unserer Entwicklungsstufe zu verharren, sondern wir können durch Reflexion und Erkenntnisgewinn zu einer höher entwickelten Variante unserer Selbst werden.

Der Mensch ist in diesem Zustand allerdings nicht nur besser, er fühlt sich auch besser. Stoiker beschreiben den gottgleichen Zustand auch als „Zustand höchsten Glücks", also eine tiefe Freude, eine Art Seligkeit, um in der christlichen Terminologie zu bleiben. Den Stoikern war jedoch bewusst, dass nicht jeder Mensch diesen Zustand erreichen kann. Vielmehr ist es menschlich, diesen Zustand nicht zu erreichen, da der Mensch von Natur aus ein fehlerhaftes Wesen ist. Der Mensch ist nicht wie Gott vollkommen, allwissend oder unfehlbar, sondern er muss mit all seinen Ambivalenzen und Fehlern leben. Theoretisch kann erst durch deren Überwindung oder zumindest deren vollständige Reflexion so etwas wie der gottgleiche Zustand entstehen.

Als Beispiele für Personen, die diesen Zustand tatsächlich erreicht haben, werden in den antiken stoischen Schriften etwa Herakles (der laut der griechischen Mythologie halb Gott, halb Mensch war) oder auch der Philosoph Sokrates genannt. Wir sehen hier bereits, dass es sich nicht um durchschnittliche Menschen, sondern vielmehr um antike Ausnahmeerscheinungen handelt. Auch wenn die Ziele des gottgleichen Zustands nicht von jedem Menschen erreicht werden können, sollten sie jedoch zumindest angestrebt werden, eine Annäherung an das Ideal wird hier als wünschenswerter beschrieben als die Resignation.

Zusammengefasst:

- Bei vollständiger Erfüllung der Anforderungen an einen tugendhaften Stoiker erreicht man einen Zustand der Vollkommenheit und Seligkeit.
- Dieser hohe Zustand kann nicht von jedem erreicht werden, doch man sollte dennoch nach ihm streben.

Das Stoiker-Mindset in 5 Schritten erlangen

„Weise ist der Mensch, der Dingen nicht nachtrauert,
die er nicht besitzt, sondern sich der Dinge erfreut, die er hat."
(Epiktet)

Wir haben nun die grundlegenden Überzeugungen des Stoizismus kennengelernt oder, um es moderner auszudrücken, das *Mindset* der Stoiker. Die Werte der Stoa wie Gelassenheit, Achtsamkeit und Selbstgenügsamkeit helfen uns dabei, mit weniger Stress und mehr positiver Energie durch den Alltag zu gehen. Aus diesem Grund ist es ratsam, das Stoiker-Mindset zu erlernen. Es geht dabei nicht darum, der ideale Mensch (sozusagen der Übermensch) zu werden, den die Stoiker in der Antike imaginiert hatten, sondern um das grundlegende Verständnis der Denkweise eines Stoikers. Fünf wegweisende Schritte sind hierbei zu gehen. Lassen Sie uns gemeinsam den Weg beschreiten, an dessen Ende Sie mit einer stoischen Ruhe gesegnet sein werden.

1. Leben im Hier und Jetzt

Siddhartha Gautama, besser bekannt als Buddha, wird folgender Ausspruch zugeschrieben:

„Laufe nicht der Vergangenheit nach und verliere dich nicht in der Zukunft.
Die Vergangenheit ist nicht mehr. Die Zukunft ist noch nicht gekommen.
Das Leben ist hier und jetzt."

Buddha formuliert damit eine Erkenntnis, die auf den ersten Blick banal klingen mag, aber doch auch in dieser klaren Ausdrucksweise ihre Berechtigung erfährt. Wenn Sie an Ihren Alltag denken, werden Sie schnell feststellen, dass Sie häufig nicht an das Hier und Jetzt denken, sondern dass sich Ihre Gedanken um vergangene oder zukünftige Ereignisse drehen.

Wir denken an verflossene Beziehungen, peinliche Momente aus unserer Vergangenheit oder durchaus auch an schöne Momente wie den Urlaub am Strand im vergangenen Jahr. Unabhängig davon, ob die Gedanken positiv oder negativ sind, spielen sie nicht im Hier und Jetzt, sondern in der Vergangenheit. Doch diese können wir nicht mehr ändern: *Was passiert ist, ist passiert.*

Die Zukunft auf der anderen Seite können wir zwar beeinflussen, doch auch Gedanken an sie bringen uns erst einmal nicht weiter: „Morgen steht eine wichtige Präsentation auf der Arbeit an" oder „Ich muss noch einkaufen, waschen und bügeln, kochen etc." Die Gedanken sind richtig, aber sie liegen in der Zukunft. Es bringt uns nichts außer einer verstärkten inneren Unruhe, wenn wir bereits jetzt an die Präsentation denken, die wir erst in drei Tagen halten müssen, oder im Kopf schon planen, wann wir wo welche Besorgungen tätigen. Sie werden selbst sehen, dass Sie am aufgeräumtesten und entspanntesten sind, wenn Sie Ihre Gedanken nur auf das Hier und Jetzt fokussieren. Dadurch erleben Sie Momente intensiver und Ihre Gedanken schweifen weniger ab.

Die Gedanken sind frei wussten, wie bereits erwähnt, auch die Stoiker. Auch, dass wir sie selbst nur sehr bedingt kontrollieren können, war den meisten antiken Denkern bereits bewusst, vermutlich aus eigener Erfahrung heraus. Es gibt jedoch durchaus Techniken, die dabei helfen, die eigenen Gedanken besser zu kontrollieren und lenken zu können. Diese Fähigkeit ist essentiell auf dem Weg zu mehr Gelassenheit und dem Einklang mit sich selbst. Lassen Sie uns daher die beiden Übungen betrachten:

Übung: Die eigenen Gedanken beobachten

Der erste Schritt hierbei ist, die eigenen Gedanken kurz zu *beobachten*. Woran denken Sie gerade? Versuchen Sie zunächst einmal, die Gedanken so zuzulassen, wie sie Ihnen in den Sinn kommen. Doch dabei lassen Sie diese nicht bloß ziellos durch Ihren Kopf irren, sondern beobachten sie genau. Sie sind nicht mit Ihren Gedanken gleichzusetzen, seien Sie sich dessen bewusst. Sie machen sich Gedanken, sind aber nicht diese Gedanken.

Versuchen Sie, sich und Ihre Gedanken klar zu trennen; setzen Sie sich auf eine Parkbank oder einen Sessel und beobachten Sie die eigenen Gedanken, als ob Sie einen Film oder eine Serie schauen würden. Wir sprechen von dem Gedankenkreislauf auch als *Gedankenkarussell*. Stellen Sie sich Ihre Gedanken als ein echtes Karussell vor, das sich auf dem Jahrmarkt Ihres Gehirns munter vor sich hin dreht. Und nun treten Sie ein paar Schritte zurück und betrachten das Karussell mit diesem gebührenden Abstand noch einmal neu.

Das Entscheidende ist die emotionale *Distanz*, die Sie zu Ihren eigenen Gedanken gewinnen müssen. Es ist gar nicht so einfach, sich selbst wie einen Fremden zu beobachten, und erfordert ein gewisses Maß an *Selbstreflexion* und auch *Selbstkenntnis*. Mit der *Mauseloch-Übung* sollte es Ihnen ein wenig leichter fallen, diesen Schritt zu vollziehen. Dabei handelt es sich um eine Achtsamkeitsübung. Der Begriff der *Achtsamkeit* und entsprechende Übungen werden uns auch im weiteren Verlauf des Buches noch begleiten. Die Mauseloch-Übung scheint zunächst ein wenig esoterisch zu klingen und stammt auch in der Tat ursprünglich aus der Lehre des *Zen-Buddhismus*, also der Strömung der buddhistischen Religion, bei der Meditationspraktiken im Mittelpunkt stehen. Zentral ist im Zen-Buddhismus das Erleben eines Moments und damit verbunden das sogenannte gegenwärtige Bewusstsein. Es handelt sich also weniger um einen Glauben als vielmehr um eine spirituelle Praktik.

Mittlerweile ist die Übung allerdings auch in der Psychotherapie, also in der Wissenschaft, angekommen und wird dort gemeinhin geschätzt. Es handelt sich also nicht um Hokuspokus, weshalb Sie sich darauf einlassen und die Übung mindestens einmal ausprobieren sollten, um sich selbst ein Bild von ihrer Wirksamkeit machen zu können (Luschas, 2013).

Mauseloch-Übung:

1. Schließen Sie die Augen. Hören Sie in sich hinein und stellen Sie sich selbst die Frage: *Was wird wohl mein nächster Gedanke sein*? Die Beobachtung der eigenen Gedanken sorgt dafür, dass die innere Stimme leiser wird, Sie sind fokussiert und konzentriert.
2. Warten Sie anschließend auf den nächsten Gedanken. Wie eine Katze, die vor einem Mauseloch liegt und wartet, dass die nächste Maus herauskommt, warten Sie auf den nächsten Gedanken.
3. Wiederholen Sie dieses Vorgehen mehrmals. Je öfter Sie es durchspielen, desto öfter befinden Sie sich in einem Zustand *frei von Gedanken*. Dieser Zustand kann sehr entspannend sein. Sie schweben quasi zunächst über Ihren Gedanken, um dann im zweiten Schritt Herr über sie zu werden.

Die Mauseloch-Übung hilft Ihnen einerseits dabei, sich zu konzentrieren und somit Ihre Gedanken zu ordnen, ihnen Einhalt zu gebieten. Wenn Sie sich auf einen konkreten Gedanken fokussieren und dabei ruhig und konzentriert bleiben, hört das Karussell auf, sich zu drehen. Es gibt jetzt nicht mehr viele Gedanken, die in Ihrem Kopf herumgeistern, sondern nur diesen einen, den nächsten Gedanken, auf den es sich zu konzentrieren gilt.

Außerdem hilft Ihnen die Mauseloch-Übung dabei, nicht vor Ihren Gedanken zu erstarren. Schließlich erstarrt nicht die Katze vor der aus dem Loch krabbelnden Maus, sondern wenn überhaupt ist es die Maus, die Angst vor der Katze hat. Lassen Sie sich nicht von Ihren Gedanken beherrschen, das umgekehrte Verhältnis ist richtig. Sie sollten über Ihre Gedanken bestimmen!

Fokussierung auf das Wesentliche

Die eigenen Gedanken zu kontrollieren bedeutet auch, sich auf das Wesentliche konzentrieren zu können. Je bewusster Sie Situationen und Momente wahrnehmen, desto intensiver erleben Sie sie. Durch die große Hektik in unserem Alltag sind wir oft nicht mehr in der Lage, Momente intensiv auszukosten. Ohne zu sehr auf die Ebene der Kulturkritik wechseln zu wollen, scheint die verkürzte Aufmerksamkeitsspanne, die durch die intensive Nutzung sozialer Medien befeuert wird, ihren Teil zu dieser Sprunghaftigkeit beizutragen.

Nehmen wir an, Sie befinden sich auf einer Party: Die Musik gefällt Ihnen, Sie fühlen sich wohl mit den Leuten, die Sie umgeben, nichts spricht dagegen, den Moment zu genießen. Doch anstatt voll und ganz in diesem Moment aufzugehen, überlegen Sie bereits, wie Sie ihn festhalten können, es werden Fotos und Videos gemacht. Diese müssen wiederum editiert werden, um den perfekten Post auf Social Media setzen zu können. Gedanklich sind Sie also bereits bei der Bearbeitung und dem Upload des Fotos und schon nicht mehr bei der Party, auf der Sie sich eigentlich gerade befinden. Zwar waren die Stoiker nicht gerade für ausschweifende Partys bekannt (Enthaltsamkeit!), doch dieses Beispiel verdeutlicht, wie sehr uns das Genießen eines Momentes häufig abhandengekommen ist. Leben Sie also das Hier und Jetzt, unabhängig davon, ob es sich um eine Party, Ihre Arbeit, eine Familienfeier oder eine banale Fahrt mit dem Zug handelt. In diesem Moment können Sie weder die Zukunft beeinflussen noch die Vergangenheit ändern, weshalb Ihre Gedanken in der *Gegenwart* sein sollten. Probieren Sie es aus und wenden Sie beispielsweise die Mauseloch-Technik an, Sie werden sehen, dass Sie gelassener und entspannter durch den Alltag gehen, wenn Sie sich ausschließlich auf den gegenwärtigen Moment konzentrieren.

Weitere Tipps, um im Hier und Jetzt zu sein

Die *Sinneswahrnehmung* ist überaus entscheidend beim Sein im Hier und Jetzt. Schließen Sie zum Beispiel die Augen, um andere Sinne zu stärken, etwa das Gehör oder den Geruchssinn. Somit nehmen Sie Ihre Umgebung auf eine andere Art und Weise wahr als üblich. Auch visuelle Eindrücke können wertvoll sein, sie sollten nur bewusst wahrgenommen werden und nicht einfach an uns vorbeifliegen. Schauen Sie genau hin, versuchen Sie, Ihre Umgebung in sich aufzunehmen und zu verarbeiten.

Ein kurzes Schließen der Augen oder eine bewusste Wahrnehmung der Umwelt können Sie jederzeit und an fast jedem Ort in die Tat umsetzen. Wenn Sie die Möglichkeit dazu haben, ist eine Entspannungsmeditation ein ebenfalls bestens geeignetes Mittel, um sich auf den Moment zu fokussieren. Bei der Entspannungsmeditation hören Sie in Ihren Körper hinein und blenden Gedanken, die um Sie herum stattfinden, konsequent aus. Somit nehmen Sie den Moment wahr, wie er auf Sie wirkt.

Meditation als Technik

Die alten Stoiker kannten die Meditation als Technik noch nicht, doch einiges spricht dafür, dass sie diese angewandt hätten, wäre sie ihnen damals bereits bekannt gewesen. Meditation führt zu innerer Ruhe und innerer Einkehr. Dabei gibt es verschiedene Arten von Meditation. Probieren Sie aus, welche Ihnen am besten liegt. Anbei eine Liste mit verschiedenen Meditationstechniken:

Übungen:

A) Passive Techniken:

Entspannungsmeditation

Setzen Sie sich in einer bequemen und aufrechten Haltung (gerader Rücken) auf den Boden und schließen Sie die Augen. Blenden Sie alle Geräusche um sich herum aus und konzentrieren Sie sich ganz auf sich selbst. Konzentrieren Sie sich auf Ihre Atmung und atmen Sie bewusst tief ein und aus. Spüren Sie, wie Ihr Körper den Sauerstoff aufnimmt und wieder abgibt. Sie sind ruhig und konzentriert.

Stellen Sie sich vor, Sie wandern über eine grüne Wiese in den Bergen. Dort gibt es Blumen, Schmetterlinge und viel grünes Gras. Sie atmen den Duft der wilden Blumen und des noch leicht vom Morgentau befeuchteten Grases ein. Es ist ruhig, um Sie herum gibt es nur die Natur. Ihre Gedanken fokussieren sich auf die Natur, Sie denken an nichts anderes mehr – es gibt keine Ablenkung, nur den Moment.

Sie laufen weiter durch das Gras und entdecken, hinter einem kleinen Bergvorsprung, einen See. Das Wasser plätschert vor sich hin. Es ist kühl und klar. Sie hören das Plätschern des Wassers, Sie atmen weiter tief ein und aus und konzentrieren sich nur auf sich und die Natur, die Sie umgibt. Laufen Sie in Gedanken um den See herum, über die Wiese und atmen Sie einfach weiter. Spüren Sie Ihre innere Mitte? Sie sind ganz bei sich. Es gibt keine negativen Gedanken, keine Ängste mehr. Alles ist gut, so wie es ist.

Sie öffnen die Augen und sind wieder im Hier und Jetzt.

Atemmeditation

Dabei konzentrieren Sie sich auf Ihren Atem und atmen bewusst und geführt nach dem Schema: vier Sekunden einatmen, sechs Sekunden die Luft anhalten, acht Sekunden ausatmen. Diese Atmung senkt in stressigen Situationen automatisch die Herzfrequenz und sorgt für innere Ruhe und Ausgeglichenheit. Es gibt auch weitere Atem-Schemata, etwa die Quadratatmung (jeweils vier Sekunden einatmen, Luft anhalten, ausatmen, wieder Luft anhalten). Hier können Sie für sich herausfinden, welches Atem-Schema Ihnen am besten hilft, um zu entspannen.

Achtsamkeits-Meditation

Auch hier nehmen Sie eine aufrechte Sitzhaltung ein, richten Ihre Achtsamkeit auf Gefühle, Gedanken und Empfindungen. Sie beobachten diese ähnlich wie bei der *Mauseloch-Methode*. Sie sind nicht mehr Ihre Gedanken, sondern exponieren sich sozusagen und begeben sich in die Rolle des Beobachters. Sämtliche Gedanken und Gefühle sind Momentaufnahmen, das wird nun deutlich, es ist kein Problem, diese *loszulassen*. Ursprünglich stammt die Achtsamkeitsmeditation aus dem Buddhismus. Probieren Sie auch diese Methode mehrfach, auch für sie braucht man ein wenig Erfahrung mit der Meditation. Sollte sie bei Ihnen wirken, werden Sie Ihre Gedanken und Gefühle wesentlich besser verstehen und können sie mit großer Gelassenheit ertragen.

B) Aktive Techniken:

Gehmeditation

Sie gehen spazieren, schlendern einfach durch die Gegend. Ohne dass Sie es merken, ist Ihr Gehirn dabei höchst aktiv. Beide Gehirnhälften werden beim Gehen gleichermaßen beansprucht, nicht nur Ihr Körper, sondern auch Ihr Geist bewegt sich dabei. Außerdem verbrauchen Sie selbst beim langsamen Schlendern Energie. Versuchen Sie, gleichmäßig zu gehen, und achten Sie bewusst auf Ihre Schritte.

Dynamische Meditation

Dies ist die anstrengendste und aktivste Form der Meditation. Lassen Sie Ihren Gefühlen einfach freien Lauf. Schreien Sie, weinen Sie, bewegen Sie sich; dies muss nicht geordnet stattfinden, wichtig ist nur, dass Sie Ihre Gefühle damit zum Ausdruck bringen. Die dynamische Meditation bezieht sich auf den Aspekt, den wir eingangs bereits besprochen haben, nämlich *Emotionen und Gefühle zuzulassen und zu kontrollieren*. Die dynamische Meditation kann dadurch äußerst befreiend wirken. Probieren Sie also zumindest einmal aus, ob diese Technik etwas für Sie ist.

Mantra-Meditation

Bei einem Mantra handelt es sich um ein Wort, eine Silbe oder einen Vers. Durch das wiederholte Denken oder Sprechen entfaltet dieses Mantra eine höhere Bedeutung und eine Wirkung auf denjenigen, der das Mantra aufsagt. In der aktiven Form der Mantra-Meditation wird es laut ausgesprochen oder gesungen. Hierbei fokussieren Sie sich auf ein bestimmtes Mantra, das *positiv* formuliert sein sollte: Ich bin stark / Ich bin wertvoll / Ich kann meine Ziele erreichen etc. Wenn Sie entsprechende Mantras verinnerlicht haben, werden Sie selbstbewusst und gestärkt aus der Meditation herausgehen. Bewegen Sie sich außerdem zu dem Mantra, setzen Sie das gesprochene Wort in eine Bewegung um, so kommen Sie in einen bestimmten Rhythmus, der eine positive Energie in Ihnen wecken kann.

C) Weitere Techniken:
Yoga
Eine sehr bekannte und in den letzten Jahren immer populärer gewordene Art der Meditation ist Yoga. Beim Yoga nehmen Sie eine bestimmte Körperhaltung ein und führen gezielte Bewegungen durch. Sie spüren die Einheit zwischen Körper, Geist und Seele. Die unterschiedlichen Übungen beim Yoga sprechen unterschiedliche Energiezentren des Körpers an, Wenn Sie also regelmäßig verschiedene Übungen durchführen, wird sich Ihr ganzer Körper *energiegeladener* anfühlen. Mittlerweile gibt es in Deutschland massenhaft Angebote für Yogakurse, für Anfänger bis hin zu Fortgeschrittenen.

Phantasiereisen
Legen Sie sich hin, am besten auf einen bequemen Untergrund, und gehen Sie auf eine innere Reise. Sie können dies alleine oder in der Gruppe tun, am besten ist es, Ihre Reise wird durch sanfte Töne oder durch eine ruhige Stimme begleitet. Lassen Sie sich durch Literatur oder durch Ihre eigene Phantasie inspirieren. Begeben Sie sich an bestimmte Orte auf der Welt, an denen Sie vielleicht schon einmal waren oder schon immer einmal sein wollten. Durch die freigesetzte Vorstellungskraft, die Sie benötigen, um auf eine solche Reise zu gehen, kommen Sie automatisch auf andere Gedanken und durchbrechen den bisherigen Gedankenkreislauf. Manchmal kann es sogar passieren, dass Sie während der Reise einschlafen, doch das ist nicht schlimm und mindert auch nicht den Effekt der Übung.

Zusammengefasst:

- Das Abschweifen von Gedanken und die Konzentration auf zu viele Zeitebenen gleichzeitig lenkt uns ab und macht uns innerlich unruhig.
- Wer ausschließlich im Hier und Jetzt ist, vollzieht diese Gedankensprünge nicht und ist einerseits gelassener, andererseits erlebt er die Momente intensiver.
- Ein wichtiger Bestandteil ist hierbei die Kontrolle von Gedanken. Es gibt Techniken, wie etwa die *Mauseloch-Technik*, mit denen wir abschweifenden Gedanken Einhalt gebieten können.

2. Erlangen Sie Kontrolle über Ihre Emotionen

Wir haben bereits über die Triebkontrolle gesprochen, die von den Stoikern als entscheidender Aspekt zur Erlangung höherer Erkenntnis vorausgesetzt wird. Triebe manifestieren sich oft in Emotionen, also zum Beispiel der Sexualtrieb in Lustempfinden oder, in abgeschwächter Form, als *Verliebtsein*. Emotionen kommen aus unserem Innersten heraus und sind nur schwer zu kontrollieren oder zu steuern. Bleiben wir exemplarisch beim Verliebtsein. Sie kennen sicher den Spruch „Wo die Liebe hinfällt", was so viel bedeutet wie: „Man kann nicht kontrollieren, in wen man sich verliebt." Vermutlich können Sie diesen Satz aus eigener Erfahrung bestätigen – nicht immer verlieben wir uns in unser Idealbild einer Partnerin oder eines Partners, denn unsere Emotionen können uns überkommen, ohne dass wir sie steuern könnten.

In diesem Fall handelt es sich noch um angenehme Emotionen, auch wenn enttäuschte Liebe schnell schmerzhaft werden kann. Betrachten wir uns negative Emotionen, wie etwa Wut oder Hass, so wird schnell klar, dass die Kontrolle von Emotionen im alltäglichen Miteinander zwingend notwendig ist. Schließlich können wir nicht jedem, auf den wir, aus welchen Gründen auch immer, wütend sind, einen Schlag ins Gesicht oder einen Tritt in den Hintern verpassen – wir müssen unsere Wut also kontrollieren. Emotionskontrolle ist ein wesentlicher Bestandteil der stoischen Philosophie. Erst, wenn wir es schaffen, unsere Gefühle unter Kontrolle zu halten, können wir die Gelassenheit erlangen, die es zur Erkenntnis bedarf.

Betrachten wir daher eine Übung, mit der Sie Ihre Emotionen kontrollieren lernen, ohne diese jedoch vollends zu unterdrücken.

Übung: Die Gedankenstopp-Technik

Die nächsthöhere Stufe, um über die eigenen Gedanken zu bestimmen, wird erklommen, wenn Sie die *Gedankenstopp-Technik* anwenden. Diese Technik stammt ursprünglich aus der Psychotherapie, woran wir erneut die Verbindung zwischen der Philosophie der Stoa und psychoanalytischen Ansätzen belegen können. Der Patient oder die Patientin berichtet dabei von den negativen Gedanken, irgendwann ruft der Therapeut oder die Therapeutin laut *Stopp*! Der Gedankengang wird also unterbrochen.

Auch, wenn Sie sich selbst natürlich nur bedingt überraschen können, funktioniert die Technik sogar ohne Therapeuten oder generell ohne externe Einflüsse. Wann immer Sie merken, dass Sie zu sehr in den Kreislauf geraten, dass Sie drohen, wieder in die Zelle des Gedankengefängnisses zu wandern, rufen Sie sich selbst *Stopp* zu. Das kann durch einen tatsächlichen, lauten Ruf geschehen oder aber auch auf gedanklicher Ebene stattfinden, sagen Sie es aber mit Nachdruck. Stellen Sie sich dabei ruhig ein großes, rotes Stoppschild vor, wie Sie es aus dem Straßenverkehr kennen. Falls Sie Autofahrer sein sollten, verbinden Sie mit diesem Schild automatisch den Reflex, auf die Bremse zu drücken. Dazu kommt die Wirkung der Farbe Rot als Signalfarbe

(Hautzinger & Linden, 2008). Testen Sie aus, ob die Gedankenstopp-Technik bei Ihnen wirkt, ob diese für Sie ein probates Mittel darstellt, um Ihren (negativen) Gedankenkreislauf zu durchbrechen. Nicht bei jedem wirkt der Gedankenstopp, nicht jeder kann sich das rote Stoppschild vor dem geistigen Auge so gut vorstellen, dass es eine spürbare Wirkung entfaltet. Sollte der Gedankenstopp aber funktionieren, ist er eine effektive und vor allem leicht umsetzbare Methode.
Manche Menschen müssen die Technik dabei häufiger praktizieren, um sie effektiv anwenden zu können. Es gilt auch hier: *Übung macht den Meister*. Während manche Menschen in hohem Maße empfänglich für derartige Gedankenexperimente sind, tun sich andere schwerer damit und lernen am besten durch Wiederholung, ebenso wie das Lernen von Vokabeln oder mathematischen Formeln für manche einen hohen, für den anderen einen niedrigen Lernaufwand bedeutet. Im Laufe der Zeit funktioniert die Übung bei den meisten Patienten aber sehr gut und das tatsächliche „Stopp"-Sagen kommt immer seltener zur Anwendung.

Gedankenstopp-Technik:

1. Erzählen Sie sich selbst von Ihren Gedanken, gehen Sie sie in Ihrem Kopf durch.
2. Stellen Sie sich ein rotes Verkehrsstoppschild vor Ihrem inneren Auge vor.
3. Rufen Sie innerlich „Stopp!", um Ihren Gedankenkreislauf zu durchbrechen.

Alternativ können Sie sich Ihre Gedanken natürlich auch laut vorsagen und dann tatsächlich, wie ein Therapeut es tun würde, laut *Stopp*! rufen, wenn Sie der Meinung sind, dass es Ihnen besser hilft, als die Situation bloß im Geiste durchzuspielen. Die Assoziation mit dem Verkehrsschild sollten Sie aber auf alle Fälle beibehalten. Es ist ein Warnsignal, das in Zukunft bestenfalls immer dann aufleuchtet, wenn Sie wieder dabei sind, sich zu viele Gedanken zu machen.

Wenn Sie Ihre Gedanken unter Kontrolle haben, gilt das auch für Ihre Emotionen. Lösen Sie sich von wütenden oder deprimierenden Gedanken, die wiederum zu Emotionen wie Wut oder Niedergeschlagenheit führen. Die Gedankenstopp-Technik kann, falls Ihnen der gedankliche Sprung leichter fällt, auch als Emotions-Stopp-Technik angewandt werden. Sobald Sie merken, dass zu starke Emotionen in Ihnen aufkommen, rufen Sie gedanklich laut *Stopp*! Stellen Sie sich hierbei bildlich das Stopp-Schild vor, denn es ist die perfekte Metapher für die Kontrolle der Emotionen. Ein Stopp-Schild sagt

Ihnen nicht etwa: Steig aus dem Auto aus und gehe zu Fuß weiter – oder auf die Emotionen übertragen: Es geht nicht darum, Ihre Emotionen vollends zu unterbinden und sie zu unterdrücken. Das Stopp-Schild regt dazu an, innezuhalten. „Hier könnte es gefährlich werden", sagt es aus, drücken Sie daher kurz auf die Bremse, halten Sie inne und erst, wenn Sie sich versichert haben, dass keine Gefahr besteht, können Sie weiterfahren. Auf diese Weise verfahren Sie auch mit Ihren Gedanken und Emotionen. Halten Sie inne und reflektieren Sie Ihre eigene Gefühlswelt. Erst wenn Sie sicher sein können, dass Ihnen keine negativen Emotionen den Weg verbauen, können Sie beruhigt weiterfahren.

Zusammengefasst:

- Übermäßige Emotionen schalten die von den Stoikern hoch geschätzte Rationalität kurzzeitig ab. Daher sollten wir uns nicht von starken Emotionen regieren lassen.
- Emotionen können und sollten nicht dauerhaft unterdrückt werden. Vielmehr geht es um deren Reflexion und um die Erkenntnis, dass Sie Ihre Emotionen kontrollieren und nicht umgekehrt.
- Wenden Sie daher Gedanken- oder Emotions-Stopp-Techniken an, um wieder die Kontrolle über Ihren Gefühlshaushalt zu erlangen.

3. Nehmen Sie alles an, was kommt

Von Epiktet, einem der großen Denker der Stoa, ist überliefert, dass ihm sein Herr, als Epiktet noch als dessen Sklave dienen musste, ein Bein zertrümmert habe, um ihn zu bestrafen. Der Überlieferung nach habe Epiktet mit vollkommener Gleichgültigkeit auf diesen Vorfall reagiert. Die Authentizität dieser Überlieferung darf mit gutem Recht bezweifelt werden, doch unabhängig davon, ob sich diese Geschichte tatsächlich ereignet hat oder nicht, bleibt eines festzuhalten: Epiktet hatte offenbar verstanden, dass er die Dinge *nehmen muss, wie sie kommen.*

Normativ war es falsch von dem Herren, das Bein zu zertrümmern, doch es ist geschehen und Epiktet hatte keine andere Wahl, als das Gegebene zu akzeptieren, denn er musste so oder so mit dem zumindest vorübergehend kaputten Bein zurechtkommen. Hier kommt der überaus pragmatische Ansatz zum Tragen, den die Stoa uns trotz ihrer philosophischen Gedankengänge liefert. Das Leben besteht eben nicht bloß aus Theorie und Philosophie, sondern aus dem Umgang mit praktischen Problemen und dem Erlangen von Gelassenheit in problematischen Situationen.

Ein zertrümmertes Bein ist sicherlich ein Extremfall, doch es fallen Ihnen mit hoher Wahrscheinlichkeit Situationen in Ihrem Alltag ein, in denen Sie sich über ein kleineres Malheur oder auch über Handlungen anderer aufregen, obwohl Sie diese nicht beeinflussen können.

Beispiel: Ihnen fällt ein Teller beim Ausräumen der Spülmaschine herunter und Sie ärgern sich im Anschluss minuten-, vielleicht sogar stundenlang über Ihr Missgeschick. Sicher ist es ärgerlich, dass Sie den Teller ersetzen müssen, doch *was passiert ist, ist passiert*, oder anders gesagt: Der Teller setzt sich nicht dadurch wieder zusammen, dass Sie sich darüber ärgern, ihn fallen gelassen zu haben. In einem anderen Beispiel nimmt Ihnen jemand die Vorfahrt im Straßenverkehr. Insbesondere beim Autofahren neigen viele Menschen dazu, sich zu echauffieren, und reagieren wenig gelassen auf (vermeintliche) Fahrfehler anderer Verkehrsteilnehmer. Ihnen wurde die Vorfahrt genommen, doch es bedeutet nichts für Sie persönlich. Sobald Sie Ihre Fahrt fortsetzen können, hat das Ereignis jegliche Bedeutung verloren. Es bringt Ihnen also nichts, sich über den anderen Autofahrer aufzuregen. Nehmen Sie die Dinge, wie sie kommen, und lassen Sie sich nicht durch etwas, was Sie nicht beeinflussen können, aus der Ruhe bringen!

Übung:
Ruhige Atmung für mehr Gelassenheit
Es gibt zahlreiche Atemübungen, die Ihnen dabei helfen, Stress im Alltag zu reduzieren und somit gelassener zu sein. Die Stoiker wussten schließlich um die Wechselwirkung von einem gesunden Geist und einem gesunden Körper und wussten somit auch, wie durch körperliche Prozesse (Atmen) die mentale Gesundheit verbessert werden kann.

1. Bauchatmung:
Die Bauchatmung ist eine natürliche Form der Atmung, bei dieser atmen Sie durch die Nase in den Bauch hinein. Legen Sie dabei Ihre Hand auf den Bauch und spüren Sie, wie sich die Bauchdecke anhebt. Anschließend atmen Sie kontrolliert wieder durch den Mund aus und spüren auch dabei, wie die Luft aus Ihrem Körper entweicht. Ziel ist es, bewusster zu atmen und das Gefühl der Entspannung im Bauch zu spüren. Denn Stress schlägt häufig auf den Magen, sodass Sie gut daran tun, diesen zu entspannen.

2. 4-7-8-Atmung:
Hierbei handelt es sich um eine äußerst rhythmische Technik. Sie können diese Methode als Erweiterung der 4-7-8-Technik betrachten. Atmen Sie vier Sekunden tief ein, halten Sie die Luft anschließend sieben Sekunden lang in Ihrem Bauch (auch hierbei kann es hilfreich sein, die Hand auf den Bauch zu legen und die Atmung bewusst zu spüren) und atmen Sie dann acht Sekunden lang tief aus. Am besten wiederholen Sie diese Atemübung mindestens dreimal täglich mit jeweils drei Sätzen. Sie werden sehen, dass durch diese Atemtechnik sogar Ihr Puls sinkt, wenn Sie also enorm gestresst oder aufgeregt sind, werden Sie nach Durchführung der 4-7-8-Atmung eine spürbare Entspannung wahrnehmen.

3. Stoßatmung:
Diese Methode reduziert nicht nur Stress, sondern löst auch körperliche Verspannung. Setzen Sie sich hierzu aufrecht hin und platzieren Sie eine Hand auf dem Bauch, die andere auf dem Brustkorb. Atmen Sie fünf Sekunden lang ein und atmen Sie anschließend fünfmal stoßartig durch den Mund aus. Wenn Sie diese Übung fünfmal wiederholen, werden Sie sichtlich entspannter sein.

Dieser Aspekt ist eng mit der Toleranz anderen gegenüber verknüpft. Sie erinnern sich sicher, dass die Stoiker die Welt als Einheit begriffen und eine tiefe Verbindung aller Menschen untereinander postulierten. Damit einher geht ein hohes Maß an Toleranz gegenüber den Mitmenschen. Nehmen Sie die Dinge, wie sie kommen, und nehmen Sie die anderen Menschen, wie sie sind, mit all den Fehlern, die sie haben.

Übung 1:
Rollentausch
Wenn Sie sich in einer Situation befinden, in der Sie kein Verständnis für Ihr Gegenüber haben, versuchen Sie es doch einfach mit einem Rollentausch. Versuchen Sie, sich in die andere Person dahingehend hineinzuversetzen, dass Sie ihre Rolle wie bei einer Theaterinszenierung annehmen. Sie sollen den anderen mit all seinen Facetten spielen und dabei dessen sozialen Hintergrund, seine berufliche und familiäre Situation, seine Erfahrungen usw. berücksichtigen. Stellen Sie sich die Frage: Wie würde ich an seiner oder ihrer Stelle handeln? *Warum* würde ich so handeln? Wenn Sie diese Fragen beantwortet haben, haben Sie erfolgreich die Perspektive des anderen eingenommen. Sie werden feststellen, dass Sie wesentlich toleranter werden, wenn Sie den Rollentausch in konfliktbehafteten Situationen gedanklich durchspielen.

Übung 2:
Die Menschen sind okay, wie sie sind

Toleranz ist oftmals eine Frage der Grundhaltung anderen Menschen gegenüber. Wir begegnen anderen Menschen stets mit einer Haltung, diese sollte aber unabhängig vom Auftreten oder Verhalten des Menschen sein.

Sicherlich mag es unangenehm sein, wenn jemand sich an der ohnehin schon vollen Supermarktkasse vordrängelt oder wenn Sie bei Ihrem Samstagsspaziergang in der Fußgängerzone von einem übereifrigen Spendensammler angesprochen werden. Doch die positive Grundhaltung besagt: „Auch diese Leute sind okay, weil sie Menschen sind." Es gibt keine qualitativen Unterschiede oder Bedingungen, jeder Mensch ist bereits deswegen okay, weil er ein Mensch ist – er gehört, genau wie Sie, zur *Menschheitsfamilie.*

„Was ist jedoch mit Mördern oder Kriegsverbrechern?" lautet eine häufige Gegenfrage zu dieser These. Hierzu sei klar genannt, dass es stets eine Unterscheidung zwischen dem Verhalten, also den Taten eines Menschen, und dem Menschen an sich gibt. Der Mensch in seiner Form ist erst einmal okay, seine Taten können aber natürlich dennoch falsch sein. Dazu bedarf es nicht einmal Extrembeispiele, den Beleg für die These finden wir im Alltag.

Beispiel: Stellen Sie sich vor, Sie haben einen guten Freund, der jedoch zu jeder Verabredung zu spät kommt. Sie mögen und schätzen ihn sehr (er ist okay), seine Unpünktlichkeit geht Ihnen jedoch auf den Wecker. Ihr Freund ist also okay, sein Verhalten ist es aber nicht (immer). Versuchen Sie bei einem Konflikt oder einem Streitgespräch daher immer, auf die konkreten Handlungen einer Person einzugehen und nicht auf seine Persönlichkeit. Wenn Sie etwa einen Arbeitskollegen haben, den Sie als unkollegial erleben, sagen Sie nicht, „Ich kann Sie nicht leiden, Sie sind kein guter Kollege", denn damit zielen Sie auf die Person ab. „Ich kann Sie nicht leiden" ist ein klarer Ausdruck der Grundhaltung „Ich bin okay – Du bist nicht okay"; sagen Sie stattdessen: „Ich finde es sehr unangenehm, dass Sie oftmals Teile Ihrer Arbeit nicht erledigen, die ich oder ein anderer Kollege dann für Sie abarbeiten muss." In diesem Fall bleiben Sie auf der persönlichen Ebene in der Grundhaltung „Ich bin okay – Du bist okay", kritisieren aber auf der anderen Seite eine Handlungsweise, die Sie nicht in Ordnung finden.

Mit dieser Grundhaltung begegnen Sie den Menschen anders, als wenn Sie grundsätzlich davon ausgehen, dass Ihr Gegenüber eben nicht okay ist. Versuchen Sie, insbesondere in Konfliktsituationen, sich stets bewusst zu machen, dass der Mensch und seine Handlungen zwei unterschiedliche

Dinge sind, die es gesondert zu betrachten gilt. Mit dieser Haltung gewinnen Sie deutlich an Toleranz gegenüber Ihren Mitmenschen, die genauso fehlbar sind wie alle Menschen und die wir dennoch tolerieren sollten, wie sie sind. Ändern können wir sie ohnehin nicht, es liegt nicht in unserem Einflussbereich.

Die Dinge zu nehmen, wie sie kommen, bedeutet auch, eine gewisse Verantwortung für eigenes Handeln zu übernehmen. Wenn Ihnen Widrigkeiten entgegenschlagen, ist das normal und zunächst unbedenklich. Jeder Mensch hat im Laufe seines Lebens mit unerfreulichen Situationen zu kämpfen – die Frage ist, wie wir damit *umgehen* und wen wir dafür verantwortlich machen. Im nächsten Kapitel werden wir daher auf den Verantwortungsbegriff der Stoiker eingehen.

Übungen für mehr Empathie und Toleranz:
Auseinandersetzung mit den *eigenen* Gefühlen
Empathie bedeutet nichts anderes als Einfühlungsvermögen, Sie lernen also, sich in andere hineinzuversetzen. Um die Gefühle anderer verstehen zu können, ist es jedoch unerlässlich, die eigenen Gefühle zu verstehen. Setzen Sie sich daher mit Ihren eigenen Gefühlen und Empfindungen auseinander und nehmen Sie bewusst wahr, in welchen Situationen welche Gefühle in Ihnen aufkommen. Wenn Sie diese Erkenntnis gewonnen haben, können Sie sich besser und schneller in die Situation anderer Menschen hineinversetzen. *Wie denke / fühle ich in einer Situation? Was würde mir in dieser Situation guttun, was würde mir schaden?*

Beobachtung der anderen
Beobachtung ist ein wesentlicher Bestandteil von Forschung. Sozialwissenschaftler beobachten gesellschaftliche Prozesse, Physiker beobachten kleine Teilchen und deren Verhalten und Naturforscher beobachten das Verhalten wilder Tiere in ihrem natürlichen Lebensraum. Aus präziser Beobachtung kann man wichtige Erkenntnisse gewinnen, dies gilt auch für Kommunikation. Beobachten Sie Ihre Mitmenschen im Alltag genauer und gezielter, sei es in der S-Bahn, im Café oder bei einem Spaziergang durch die Stadt. Die Aufmerksamkeit kann hierbei sowohl auf Gespräche als auch auf körpersprachliche Aspekte gerichtet sein. Durch Beobachtung lernen Sie, andere Menschen besser zu verstehen und deren Verhalten einordnen zu können.

Ausblenden von Vorurteilen

Der Jurist und Buchautor Ferdinand von Schirach (* 1964) erzählte in einer Gesprächssendung des Schweizer Rundfunks von Inspirationen für seine Bücher und verwies dabei auf sein Motto *„Mehr beobachten, weniger urteilen"* (Schirach, 2018). Was von Schirach damit meint, ist, dass man bei der Beobachtung seine Vorurteile ausblenden sollte. Empathisch sein bedeutet, niemanden aufgrund des ersten Eindrucks zu verurteilen. Nehmen wir an, Sie begegnen einer Person, die auf den ersten Eindruck ungepflegt wirkt. Ihr Vorurteil lautet: „Der ist bestimmt unsauber und daher auch unangenehm, mit solchen Leuten möchte ich nichts zu tun haben." Doch wenn Sie mit diesem Vorurteil an die Begegnung herangehen, verpassen Sie die Gelegenheit, die Person näher kennenzulernen. Jeder Mensch hat gewisse Vorurteile, wichtig ist es bloß, diese zu reflektieren und sich nicht zu stark von diesen beeinflussen zu lassen. Ansonsten verpassen wir die Gelegenheit, einen Menschen in all seinen Facetten zu begreifen und seine Persönlichkeit kennenzulernen. Genau dieses tiefe Verständnis erzeugt allerdings Empathie.

Verständnis zeigen

Aus der Beobachtung und der Offenheit / Toleranz (nicht verurteilen) der anderen erwächst ein Verständnis. Versuchen Sie, Ihre Mitmenschen tatsächlich zu verstehen, so wie Sie auch sich selbst und Ihre eigenen Motivationen und Ziele versucht haben, zu verstehen. Was treibt mein Gegenüber an? Warum verhält er sich auf diese Art und Weise in einer bestimmten Situation? Warum hat jemand zum Beispiel Angst, wenn er ein lautes Geräusch hört? Hat er in der Vergangenheit schlechte Erfahrungen gemacht oder stammen seine Eltern aus einer Kriegsregion und haben ihm von Kindesbeinen an erklärt, dass laute Geräusche Gefahr bedeuten? Selbst wenn Sie nicht empfinden können, was Ihr Gegenüber empfindet, können Sie dennoch Rücksicht nehmen: „Ich verstehe, dann gehen wir nicht zusammen auf ein lautes Festival, sondern lieber ins Kino oder ins Café."

Sich selbst nicht vergessen

Empathie und Achtsamkeit hängen eng miteinander zusammen. Bei allem Verständnis und allem Einfühlungsvermögen für andere sollten Sie niemals Ihr eigenes Wohlbefinden vergessen oder es dem der anderen unterordnen. Versuchen Sie daher, eine ausgewogene Balance zwischen Empathie und Selbstachtsamkeit zu finden und sowohl sich selbst als auch Ihrem Umfeld Gutes zu tun.

Zusammengefasst:

- Gelassenheit bedeutet, die Dinge so zu nehmen, wie sie kommen. Auf gewisse Ereignisse in unserem Leben haben wir keinen Einfluss, weshalb wir uns über diese nicht den Kopf zerbrechen sollten.
- Entscheidend sind vielmehr der Umgang mit Widrigkeiten und die Übernahme von Verantwortung.
- Die Dinge so zu nehmen, wie sie kommen, heißt auch, andere Menschen so zu nehmen, wie sie sind. Auch darauf haben Sie keinen Einfluss. Begegnen Sie Ihren Mitmenschen grundsätzlich mit der von der Stoa geforderten Toleranz und üben Sie sich in Empathie.

4. Übernehmen Sie volle Verantwortung

Wir sind als denkende und vernünftig handelnde Individuen stets verantwortlich für unser Handeln. Die Stoiker waren fest davon überzeugt, dass der Mensch ein verantwortungsvolles Geschöpf ist, das für seine Handlungen verantwortlich gemacht werden kann. Auf dieser Idee fußt zum Beispiel auch unser Justizsystem. Auch wenn manche postmodernen Psychologen den *freien Willen* immer wieder anzweifeln und den Menschen zum Produkt seines Unbewussten degradieren wollen, müssen wir doch von einer freien Entscheidungsgewalt ausgehen. Wäre dem nicht so, könnten wir Straftäter niemals verurteilen, weil wir sie für ihre Tat nicht verantwortlich machen könnten. Wir könnten uns stets als Opfer der äußeren Umstände sehen, könnten die Schuld für Misserfolge bei unseren Eltern, Lehrern oder der grausamen Welt suchen. Doch diese Haltung würde ein Stoiker konsequent ablehnen: Wir sind das Produkt unserer Entscheidungen und nicht das Opfer unserer Umstände! Einerseits mag diese Erkenntnis belastend sein, denn sie bedeutet mehr Verantwortung. Andererseits hilft uns diese Grundhaltung dabei, unsere Entscheidungen stärker zu reflektieren.

Beispiel: Stellen Sie sich vor, Sie haben ein Bewerbungsgespräch für die Stelle, die Sie unbedingt haben möchten. Sie haben sich intensiv vorbereitet und gehen motiviert in das Gespräch hinein. Doch plötzlich übermannt Sie die Aufregung, Sie werden nervös und fahrig, Sie vergessen einige Antworten, die Sie sich bereits zurechtgelegt haben. Zudem bringt Sie der Personaler, der Ihnen gegenübersitzt, aus dem Konzept, indem er plötzlich unerwartete Fragen stellt, die mit der Stellenausschreibung an sich wenig zu tun haben. Die Fragen erscheinen Ihnen sinnlos, was Sie zusätzlich verunsichert. Die Konsequenz ist, dass Sie Ihren Traumjob nicht bekommen. Nun können Sie auf verschiedene Art und Weise mit dieser Niederlage umgehen. Sie können natürlich dem *System* die Schuld geben: Warum braucht es ein solches Bewerbungsgespräch, bei dem man auf Herz und Nieren geprüft wird? Die Personalabteilung hatte doch sämtliche Unterlagen von Ihnen zur Verfügung – Sie haben sowohl einen Lebenslauf als auch ein Motivationsschreiben geschickt. Warum mussten ausgerechnet Sie trotz Ihrer offensichtlichen Eignung noch einmal geprüft werden? Sie können natürlich auch dem Personaler den schwarzen Peter zuschieben: Warum fragt er solche dämlichen Fragen? Es war doch bestimmt seine Absicht gewesen, die Bewerber aus dem Konzept zu bringen. Doch wem nützt das etwas? Hätte er nicht einfach ein normales Gespräch führen können, so wie in den Beispielen aus Ratgebern für Bewerbungsgespräche?

In beiden Fällen geben Sie jemand anderem die Schuld für Ihre Niederlage. Für Sie fühlt es sich im ersten Moment vielleicht besser an, Sie zweifeln nicht an sich selbst, sondern erklären sich zum Opfer der Umstände und der anderen. Selbstredend ist es immer bitter, sich Niederlagen einzugestehen, zugeben zu müssen, dass man etwas nicht gut (genug) erledigt hat. Doch aus Fehlern lernt man und eine gesunde Reflexion ermöglicht es Ihnen, die Fehler im darauffolgenden Bewerbungsgespräch nicht mehr zu machen. Wenn Sie klar und deutlich analysieren, was schiefgelaufen ist, gehen Sie gestärkt und selbstsicher in das nächste Gespräch. Wenn Sie allerdings in einer passiven Opferrolle („Ich bin einfach nicht gut genug", „Die Welt ist ohnehin so grausam zu mir") verharren, nehmen Sie dieses ungute Gefühl mit in den nächsten Bewerbungsprozess und werden schnell feststellen, dass Sie auch dort scheitern werden. Lassen Sie sich also keinesfalls in die Opfer-Rolle drängen!

Die Opfer-Rolle

Der Begriff der Opfer-Rolle stammt ursprünglich aus der Transaktionsanalyse, einer Technik zur detaillierten Analyse von zwischenmenschlicher Kommunikation. Demnach gibt es Menschen, die sich in der Rolle des Opfers einrichten, sie präsentieren sich ihrem Gegenüber gerne als hilflos, schwach und unterlegen. „Ich kann das nicht" / „Das ist mir zu viel" / „Dafür bin ich nicht gut genug" sind klassische Aussagen einer Person, die sich in die Opfer-Rolle begibt.

Ein geringes Selbstbewusstsein und die Weigerung, *Verantwortung* für das eigene Handeln zu übernehmen, sind die Folgen. Manche Menschen haben die Opferrolle dabei dauerhaft inne, andere nehmen sie situativ ein. Eine Person mit einem äußerst geringen Selbstwertgefühl kann beispielsweise dauerhaft in eine Opferrolle abgleiten.

Aus der Opferrolle herauskommen

Schritt 1: Reflektieren

Um zu vermeiden, dass Sie sich in die Opferrolle begeben, müssen Sie zunächst einmal verstehen, dass Sie sich in dieser befinden. Reflektieren Sie die Rolle, die Sie augenblicklich einnehmen, und versuchen Sie, diese bewusst abzulegen. Sagen Sie laut oder auch nur für sich: *„Ich bin kein Opfer! Ich will diese Rolle nicht mehr annehmen*!"

Schritt 2: Die Rolle als solche begreifen

Der Name Opfer-*Rolle* macht bereits deutlich, dass es sich nicht um eine angeborene Eigenschaft handelt, die wir nicht abstreifen können, sondern um eine Rolle, die wir einnehmen, ähnlich wie ein Theaterschauspieler, der die Rolle des McBeth oder des Wilhelm Tell einnimmt. Verlässt der Schauspieler die Bühne, streift er seine Rolle ab und ist wieder er selbst.

Wie ein Schauspieler, der sich aus einer ihm bekannten Rolle löst, um sich für andere, interessantere Rollen zu qualifizieren, legen Sie also Ihre gewohnte Rolle ab und brechen zu neuen Ufern auf. Leonardo DiCaprio zum Beispiel hat es über die Jahre geschafft, sich von der Rolle des hübschen Jungen aus Titanic zu lösen und in zahlreichen anspruchsvollen Rollen aufzutreten.

Schritt 3: Lernen, die Rolle abzulegen

Denken Sie also immer daran: So sehr Sie sich mit der Opfer-Rolle verbunden fühlen, Sie können Sie ablegen wie einen Mantel oder einen Hut. Nehmen Sie zum Beispiel einen symbolischen Gegenstand in die Hand und legen Sie diesen ab. Der Gegenstand symbolisiert Ihre Rolle. Wenn Sie den Gegenstand ablegen, legen Sie auch Ihre Rolle ab.

Symbolisch können Sie Ihre Rolle mit all den Zuschreibungen auch über einen hohen Berg werfen. Stellen Sie sich vor, Sie packen einen großen Sack. In diesen stecken Sie all das, was für Ihre Opferrolle typisch ist: mangelndes Selbstbewusstsein, Komplexe, Versagensängste etc. Anschließend schnüren Sie den Sack zu und werfen ihn mit Schwung über einen hohen Berg. Von nun an müssen Sie den Sack nie wieder sehen.

Schritt 4: Freier leben

Sie werden schnell feststellen, dass es sich wesentlich freier und unbeschwerter ohne die Opferrolle lebt. Wenn Sie selbstbewusst durch den Alltag gehen und sich selbst gut fühlen, strahlt dies auf andere aus und Sie werden sehen, dass sich schnell positives Feedback einstellt, welches Ihr Selbstbewusstsein weiter steigert.

Lassen Sie sich also nicht als Opfer behandeln. Reflektieren Sie stattdessen:

- Was habe ich falsch gemacht?
- Wo muss ich mich verbessern? / Was kann ich beim nächsten Mal besser machen?
- Wie kann ich selbstsicherer werden?

Dieser Reflexion geht jedoch voraus, dass Sie zunächst einmal die volle Verantwortung für Ihr Handeln übernehmen. Die Frage lautet also nicht „Warum hat der Personaler derart seltsame Fragen gestellt?", sondern: „Warum war ich darauf nicht vorbereitet? Warum habe ich keine Antworten auf die Fragen gefunden?"

Machen Sie es wie die Stoiker und erkennen Sie, dass Sie ein eigenständig denkendes und handelndes Individuum sind, das seine Entscheidungen selbstständig trifft. Jeder Mensch macht Fehler, es ist kein Problem und bei Weitem keine Schande, einen Fehler zu begehen – wichtig ist nur, dass Sie den Fehler nicht wiederholen. Dazu bedarf es allerdings einer gesunden Reflexion und der Akzeptanz, dass Sie den Fehler begangen haben und nicht die Umstände Schuld an Ihrem Scheitern sind. Übernehmen Sie daher die volle Verantwortung für Ihr Handeln! Sehen Sie es positiv – wenn Sie bei der nächsten Bewerbungsrunde eine Zusage auf die Stelle erhalten, so war dies ebenfalls Ihr Verdienst und nicht etwa der eines anderen oder der glücklichen Begleitumstände. Nur durch die Erkenntnis der Eigenverantwortung können Sie Ihr volles Potenzial ausschöpfen.

Zusammengefasst:

- Menschen neigen aus Selbstschutz gelegentlich dazu, die Verantwortung für negative Erlebnisse und Misserfolge anderen zuzuschieben.
- Die sogenannte Opfer-Rolle blockiert Sie allerdings, da Sie so keine ausreichende Reflexion betreiben und keine Erkenntnis für zukünftig auftretende Situationen gewinnen.
- Übernehmen Sie daher die volle Verantwortung für Ihr Handeln. Sie sind, ganz im Sinne der Stoa, ein verantwortungsbewusstes, rationales Individuum, das seine Verantwortung nicht abgeben, sondern praktisch nutzen sollte.

5. Alles zu seiner Zeit

Heutzutage wird zur Beschreibung eines ehrgeizigen Menschen oftmals das Wort *ambitioniert* verwendet. In der Regel hat dieser Begriff eine positive Konnotation und in der Tat spricht an sich wenig dagegen, Ambitionen, das heißt bestimmte Ansprüche und Ziele, zu formulieren. Jedoch gibt es eine Steigerung des Wortes, nämlich *über*ambitioniert. Dieser Begriff beschreibt, dass jemand zu hoch hinaus will oder zu früh zu viel erreichen möchte. Der zeitliche Aspekt spielt bei der Ambition eine große Rolle. Ein Berufseinsteiger bei einer Bank beispielsweise kann durchaus die Ambitionen haben, einmal eine hoch dotierte Stelle zu bekleiden, mit der er einen Sportwagen oder teure Urlaubsreisen finanzieren kann. Möchte er dieses Ziel jedoch schon in drei Jahren erreichen, wird man ihn einbremsen müssen: „Da bist du zu *über*ambitioniert."

Zu viel in zu kurzer Zeit erreichen zu wollen, setzt uns enorm unter Druck. Kleine Erfolge werden überhaupt nicht mehr wahrgenommen, weil wir den großen Erfolg direkt auf einmal wollen. Klappt einmal etwas nicht, wird dies nicht als kleiner Rückschlag auf einem insgesamt positiven Weg gewertet, sondern direkt als Katastrophe angesehen, da die hochgesteckten kurzfristigen Ziele in Gefahr sind – in dem Beispiel des jungen, ambitionierten Bankers etwa eine ausbleibende Beförderung mit der Aussicht, in einem halben Jahr befördert zu werden. Normalerweise wäre dies ein Grund zur Freude: „In einem halben Jahr bin ich an der Reihe." Wird jedoch die zeitliche Komponente nicht ausreichend beachtet, wird dies negativ konnotiert: „Verdammt, ich werde erst in einem halben Jahr befördert, eigentlich sollte ich doch jetzt schon an der Reihe sein!"

Druck und Stress sind das Gegenteil von Gelassenheit, die mithilfe der stoischen Lehre erreicht werden soll. Dabei sind alle Aspekte, die wir in diesem Kapitel besprechen, miteinander verknüpft. *Alles zu seiner Zeit* ist schließlich als eine Art Kombination aus *die Dinge nehmen, wie sie kommen* und *volle Verantwortung übernehmen*. Sie können nämlich nicht beeinflussen, ob Ihr Chef Sie jetzt oder in einem halben Jahr befördert. Und vielleicht können Sie den Grund bei sich suchen – gab es nicht vielleicht doch etwas, was Sie hätten besser machen können? Ist vielleicht nicht der Chef oder der stattdessen beförderte Kollege schuld, sondern Sie? Ziehen Sie diese Möglichkeit zumindest in Betracht.

Bleiben Sie daher auch in Bezug auf die Zeit gelassen. Alles kommt zu seiner Zeit. Oftmals ist es sogar besser, ein wenig zu warten, getreu dem Motto *„Die zweite Maus bekommt den Käse"*. In beruflichen Situationen oder auch zum Beispiel bei der Familienplanung kann es hilfreich sein, abzuwarten und den richtigen Moment abzupassen. Vielleicht ist es besser, wenn Sie sich ein halbes Jahr auf die Beförderung und die mit der neuen Stelle verbundenen Aufgaben vorbereiten können, anstatt in die neue Stelle hineinzustolpern und letztlich überfordert nach Hilfe rufen zu müssen. Bei Ihrem Vorgesetzten entsteht der Eindruck: *Das war zu früh für ihn, bei der nächsten Beförderung muss ich wohl etwas länger warten.* Warten Sie jedoch den richtigen Moment ab, sind Sie perfekt vorbereitet und passen sich Ihrer neuen Rolle optimal an, was auch Ihr Vorgesetzter registriert: *Er ist gut geeignet, die nächste Beförderung bekommt er schneller.*

Zusammengefasst:

- Ziele und Ambitionen zu haben, ist eine positive Eigenschaft. Man sollte bei der Definition der Ziele jedoch niemals die zeitliche Komponente außer Acht lassen.
- Wenn wir Dinge zu schnell wollen, setzen wir uns zu stark unter Druck. Bleiben Sie daher bei Ihrer stoischen Ruhe und nehmen Sie die Dinge an, wie sie kommen und wann sie kommen.
- Die zuvor besprochenen Aspekte gehen miteinander einher. Wichtig sind dabei vor allem zwei Dinge: Bewahren Sie die nötige Ruhe und reflektieren Sie Ihre Gefühle und Gedanken.

Stoizismus-Express-Übungen

„Ändere deine Ansichten und Du hörst auf, Dich zu beklagen.“
(Marc Aurel)

Nach den vergangenen beiden Kapiteln haben Sie nun das Mindset der antiken Stoiker verstanden und im nächsten Schritt gesehen, wie Sie es erlernen können. In diesem Kapitel soll der Fokus auf weiteren Übungen zur Verinnerlichung des stoischen Mindsets liegen.

DANKBARKEIT FÜR DAS, WAS SIE HABEN

Vermutlich kennt jeder Mensch Phasen im Leben, in denen Stress, Unzufriedenheit und negative Gedanken den Alltag bestimmen. Man fühlt sich müde und ausgelaugt, es wird schlicht und ergreifend *zu viel*. Doch auf der anderen Seite kennt jeder auch die schönen Momente der Ruhe, der Entspannung, des Zusammenseins mit guten Freunden oder anders gesagt: Momente, in denen man sich wohlfühlt.

Ziehen Sie eine Bilanz, werden Sie feststellen, dass die glücklichen Momente häufig sogar überwiegen, auch wenn Sie es nicht immer so wahrnehmen. Wollen wir tatsächlich eine Bilanz im buchhalterischen Sinne ziehen, müssen vielerlei Aspekte berücksichtigt werden, die für Sie schon selbstverständlich geworden sind oder die Sie als grundsätzlich gegeben annehmen:

- das Haus oder die Wohnung, in der Sie leben,
- das Essen, das Sie jeden Tag in ausreichender Menge auf dem Tisch haben,
- die saubere Kleidung, die Sie tragen etc.

Diesen alltäglichen Luxus – zumindest verglichen mit dem Lebensstandard weiter Teile der Menschheit – können wir meistens deshalb nicht schätzen, weil er für uns selbstverständlich ist. Doch halten wir einmal inne und denken ernsthaft darüber nach, was wir eigentlich haben, werden wir feststellen, dass das Leben bei weitem nicht so hart und ungerecht zu uns ist, wie wir bisweilen annehmen.

Das bedeutet keinesfalls, dass Sie kein Recht dazu hätten, auch einmal zu klagen oder sich zu beschweren, doch sollten Sie niemals die *Dankbarkeit* für das verlieren, was Sie haben. Eine Übung, die sich bestens hierfür eignet, ist „Der perfekte Tag“. Hier werden Sie zum Träumen eingeladen: Wie sieht der perfekte Tag für Sie aus? Vielleicht werden Sie ja feststellen, dass Ihr alltägliches Leben gar nicht so weit von Ihrem Ideal entfernt ist, wie Sie bisher annahmen.

Übung 1: Ein perfekter Tag

Das Gefühl, dass das, was wir haben, nicht ausreichend ist, dass wir eigentlich mehr bräuchten, um zufrieden zu sein, ist oftmals äußerst subjektiv. Bei näherer Betrachtung stellen wir hingegen fest, dass es vieles in unserem Leben gibt, wofür wir dankbar sein können.

Hören Sie stets in sich hinein, das hilft Ihnen dabei, mit Ihren negativen Gedanken fertig zu werden. Eine bewährte Übung, um das „In-sich-Hineinhören" zu üben, ist *Ein perfekter Tag*. Für diese Übung braucht man lediglich einen Stift, ein Blatt Papier und nach Möglichkeit ein bisschen Ruhe, um sich auf die eigenen Gedanken konzentrieren zu können. Schreiben Sie ganz für sich auf, wie Ihr *perfekter Tag* aussieht, notieren Sie alles, was Sie sich wünschen. Wichtig ist: Es geht um Ihren Alltag, nicht um einen Urlaubstag auf den Bahamas, sondern um einen ganz gewöhnlichen Tag in seiner bestmöglichen Ausgestaltung.

Beschreiben Sie diesen Tag so ausführlich wie nur möglich, gehen Sie auch auf die Details ein, denn diese sind oft entscheidend. Scheuen Sie sich auch nicht vor Emotionen, packen Sie so viele *positive Gefühle* in Ihre Beschreibung wie nur möglich. Auch unrealistische Begebenheiten dürfen gerne aufgenommen werden, sie verraten viel über Ihre inneren Wünsche.

Folgende Punkte sollten bei dem Gedankenexperiment berücksichtigt werden:

- Wo wachen Sie morgens auf?
- Wie sieht Ihre Umgebung aus?
- Wie starten Sie in den Tag?
- Welche Aktivitäten betreiben Sie den Tag über?
- Wie viel Zeit verwenden Sie für die einzelnen Aktivitäten?
- Welche anderen Personen kommen in dem Gedankenexperiment vor?
- Was essen Sie, welche Art von Musik hören Sie (wenn überhaupt)?
- Wie endet der Tag?
- Wann gehen Sie ins Bett?

Die Übung ist gar nicht so simpel, wie sie im ersten Moment erscheinen mag. Oftmals denken wir als Erwachsene (zu) viel nach, wir überlegen, ob unsere Wünsche realistisch, das heißt praktisch umsetzbar, sind. Sind sie es nicht, verwerfen wir sie schnell wieder. Kinder sind bei der Erledigung einer Aufgabe wesentlich schneller und produktiver. Durch die Begrenzung unserer

Gedanken begrenzen wir aber auch uns selbst und unsere Handlungsmöglichkeiten. Achtsamkeit bedeutet auch, die eigenen Wünsche zu kennen und sich deren Erfüllung als Ziel zu setzen. Anstatt über mögliche Sorgen und Probleme zu grübeln, setzen Sie sich mit Ihren Visionen auseinander. Der Satz des Altkanzlers Helmut Schmidt, wer Visionen habe, solle zum Arzt gehen, ist aus psychologischer und auch aus stoischer Sicht Unsinn, gerade diese Visionen tun uns nämlich ausgesprochen gut. Wenn Sie sich auf die Übung einlassen und die eine oder andere Schranke in Ihrem Geist überwinden, werden Sie eine positive Energie spüren, die Wünsche quellen aus Ihnen heraus, außerdem fördert die Übung die Kreativität und die Vorstellungskraft. Lassen Sie sich ruhig mehrere Tage Zeit, um den perfekten Tag zu skizzieren. Machen Sie sich immer wieder Notizen zu dem Thema, bis am Ende das endgültige Konzept steht.

Der perfekte Tag gibt Ihnen Aufschluss darüber, was Ihre Wünsche sind, wonach Ihr Herz sich sehnt. Zudem werden Sie schnell feststellen, dass einige der Aspekte, die Sie in Ihren perfekten Tag integriert haben, bereits Alltag sind. Oftmals unterschätzen wir die positive Wirkung kleiner Freuden wie etwa eines Frühstücks im Bett oder eines kurzen Telefonats mit einem Freund / einer Freundin. Folgende Beispiele verdeutlichen den Effekt des Gedankenexperiments:

- Möglicherweise beinhaltet der perfekte Tag gemeinsames Kochen mit Freunden, im Anschluss daran ein leckeres Essen. Auch wenn das nicht jeden Tag möglich ist, weist es doch darauf hin, dass Sie unter Umständen unzufrieden mit Ihrer Ernährung sind. Unter Umständen würde es Ihnen guttun, genügsamer zu sein und sich im Sinne der stoischen Ethik bewusst und enthaltsam zu ernähren (*gesunder Körper in gesundem Geist*).

- Wenn Sie auf Ihrer Skizze viel spazieren gehen oder Sport treiben, ist das ein Zeichen dafür, dass Sie vielleicht häufiger an die frische Luft gehen und sich bewegen sollten. Probieren Sie es doch einmal mit einer aktiven Pause auf der Arbeit oder gehen Sie nach draußen und laufen Sie ein paar Meter, anstatt in der Kantine zu sitzen.

- Sie lesen an Ihrem perfekten Tag ein gutes Buch? Nichts ist einfacher als das, gehen Sie zur nächsten Buchhandlung und suchen Sie sich ein Buch aus, das Sie anspricht oder das Sie vielleicht schon immer einmal interessiert hat (Kristin, 2015).

Zwei Dinge können Sie nun aus dem Gedankenexperiment mitnehmen: Erstens: Ihr perfekter Tag beinhaltet mit Sicherheit Elemente, die sich in Ihren Alltag integrieren lassen bzw. bereits Bestandteil des Alltags sind. Sie sind also nicht weit davon entfernt, Ihr Ideal zu verwirklichen. Die zweite Feststellung ist, dass viele Ihrer Bedürfnisse nicht materieller, sondern vielmehr ideeller

Natur sind. Ganz im Sinne der Stoa bedarf es nicht viel Konsum, um die Menschen glücklich zu machen, sondern die wahre Seligkeit stellt sich außerhalb materieller Wünsche ein.

Übung: Dankbarkeitstagebuch

Am Abend müssen Sie die wahrgenommenen und erlebten Reize des Tages verarbeiten. Dabei geraten viele Menschen ins Grübeln und es fällt ihnen schwer, alle Ereignisse zu sortieren und zu verarbeiten. Auch hierbei hilft es, die Gedanken aufzuschreiben, am besten machen Sie sich Notizen in Form eines Tagebuchs (Journals). Heben Sie dabei insbesondere die positiven Aspekte des vergangenen Tages hervor: Was lief gut? Welche positiven Erfahrungen haben Sie gemacht? Welche angenehmen sozialen Begegnungen haben Ihren Tag bereichert? Wofür sind Sie dankbar? etc.

Die positiven Gedanken können sich auf tagesaktuelle Ereignisse beziehen, zum Beispiel „Heute bin ich dankbar, dass ich so viel Zeit mit meinem Partner / meinem Kind verbringen konnte", oder auf grundlegende Dankbarkeit, die sich an diesem Tag besonders stark ausgedrückt hat: „Als ich den Mann im Rollstuhl gesehen habe, wurde mir wieder bewusst, wie dankbar ich sein kann, gesund zu sein."

Sie sehen, es sind nicht nur besondere Ereignisse oder einschneidende Erlebnisse, die uns prägen. Auch die kleinen Begegnungen und Ereignisse können uns glücklich und dankbar machen. Der erste Regen nach Wochen der Trockenheit, der erste Sonnenstrahl nach einem langen Winter, ein herrlich dampfender Kaffee und ein leckeres Stück Kuchen im Café, all diese Dinge machen uns zufrieden und wir können dankbar sein, dass wir Sie haben. Stellen Sie diese Dankbarkeit explizit in Form des Journals heraus, indem Sie derartige Momente festhalten.

Mit dem *Journaling* stoppen Sie nicht nur das Grübeln, sondern sortieren auch Ihre Gedanken und gehen mit einem positiveren und aufgeräumten Gefühl zu Bett.

Jeder Mensch hat andere Bedürfnisse und Wünsche und daher hat auch jeder Mensch seine individuelle Art und Weise, mit Problemen umzugehen. Übungen, die dem einen helfen, können also beim anderen wirkungslos sein und umgekehrt. Daher seien an dieser Stelle weitere Übungen aufgeführt, die Ihnen helfen, zu mehr Dankbarkeit und Gelassenheit zu gelangen:

Weitere Übungen:

1. Ein Morgenritual finden

Für viele Menschen beginnt der Tag bereits mit Stress. Man wacht mit dem Wecker auf, begibt sich hastig ins Bad, frühstückt im Anschluss eine Kleinigkeit und geht dann rasch aus dem Haus. Der Morgen zieht an einem vorüber und so richtig wach wird man erst auf dem Weg zur Arbeit. Ein Morgen, der so abläuft, verursacht bereits Stress, bevor wir den Tag richtig begonnen haben. Starten Sie daher *achtsam* und mit stoischer Gelassenheit in den Tag.

Nehmen Sie sich zumindest einen kurzen Augenblick Zeit, um Ihre Gedanken zu reflektieren und in sich hineinzuhören. Wie geht es Ihnen heute Morgen?

Sind Sie müde? Kein Problem, nehmen Sie es so an – nehmen Sie die Dinge, wie Sie kommen, denn Sie können sie ohnehin nicht beeinflussen. Vielleicht hilft Ihnen ja bereits der morgendliche Kaffee über Ihre Müdigkeit hinweg.

Sind Sie voller Energie? Sehr gut, dann nutzen Sie es aus und versuchen Sie, die Energie während des Tages zu erhalten. Versuchen Sie, ein Morgenritual zu finden, das Sie beim Start in den Tag begleitet, egal, wie Sie sich gerade fühlen. Der Mensch mag und benötigt Routinen, sie verleihen Sicherheit, Kraft und Gelassenheit.

Es muss kein ausgedehntes Ritual sein, wie zum Beispiel eine Meditationsübung (siehe Übungen zu verschiedenen Meditationspraktiken) oder Gymnastik. Wenn Sie ausreichend Zeit haben, sind solche Rituale natürlich sehr empfehlenswert; wenn Sie aber zeitlich eingebunden sind, zum Beispiel, weil Sie Kinder haben, reicht es auch schon, sich jeden Morgen einen Tee oder einen Kaffee zuzubereiten und sich exakt fünf Minuten *Zeit zu nehmen*, ihn zu trinken. Oder Sie hören ein bestimmtes Lied, das Ihre Laune verbessert.

Nehmen Sie sich die Zeit und gehen Sie während dieses Rituals kurz in sich, hören Sie in sich hinein. Diese Achtsamkeitsübung schafft ein gutes Bewusstsein des eigenen Alltags und hilft dabei, gelassen in den Tag zu starten.

Weitere Anregungen können zum Beispiel sein:
- Lesen Sie jeden Morgen ein kleines Gedicht oder hören Sie ein bestimmtes Lied.
- Behalten Sie ein und denselben Ablauf für jeden Morgen bei. Zum Beispiel: aufstehen, waschen, Haare waschen, frühstücken, Zähne putzen, umziehen, aus dem Haus gehen; immer in derselben Reihenfolge.
- Strukturieren Sie bereits morgens den Tag einmal gedanklich durch. Gehen Sie Schritt für Schritt durch, was Sie erledigen wollen und wann Sie es erledigen wollen. So verhindern Sie, dass Ihr Tag bereits mit Gedankenkreiseln beginnt.

2. Body-Scan

Ob morgens, mittags oder abends – der Body-Scan funktioniert immer. Die Übung ist effektiv und nicht zeitintensiv, also ideal, gerade für einen vollgepackten Alltag. Schließen Sie Ihre Augen und atmen Sie bewusst tief ein und aus. Richten Sie Ihre Aufmerksamkeit nun auf Ihren Körper. Beginnen Sie bei den Sohlen und wandern Sie von dort mit Ihrem Fokus zu den Beinen, dem Rücken, dem Bauch, Ihren Armen und Fingern bis zu Ihrem Kopf. Werden Sie sich nach und nach sämtlicher Körperteile bewusst, die Sie durch Ihr Leben tragen. Sie nehmen Ihren Körper viel bewusster wahr und hören auf diese Art und Weise auch in den Körper hinein. Sie schenken Ihrem Körper die Aufmerksamkeit, die er verdient. Insgesamt brauchen Sie nicht länger als fünf Minuten, um Ihren Körper vollends zu scannen, wichtig ist das regelmäßige und tiefe Atmen während der Übung. Wir haben im vorausgegangenen Kapitel bereits verschiedene Atemtechniken kennengelernt, mit deren Hilfe Sie in Ihren Körper hineinhören und sogar Verspannungen oder körperliche Schmerzen effektiv lindern können. Wenn Sie eine verspannte oder schmerzende Stelle in Ihrem Körper finden, können Sie bewusst dort hineinatmen, um die körperlichen Symptome zu mildern.

Wenn Sie danach die Augen öffnen, werden Sie direkt feststellen, dass Sie viel entspannter und innerlich aufgeräumter sind als zuvor.

3. Digital Detox

Die meisten von uns sind über den Tag hinweg viele Minuten, wenn nicht gar Stunden, mit digitalen Medien beschäftigt. Das ist in unserer heutigen Zeit vollkommen normal, es gehört zu unserem Leben dazu und das ist zunächst auch überhaupt kein Problem. Doch viele Menschen empfinden die digitale Welt auch als Belastung. Es ist eben doch nicht so einfach, den richtigen Umgang mit den Geräten zu finden. Das Smartphone vibriert, man schaut nur kurz nach, wer einem eine Nachricht geschickt hat. Doch dabei bleibt es nicht, man liest die Nachricht, antwortet und checkt danach, nur um sicherzugehen, noch schnell seine E-Mails. Und auf Facebook, Instagram und Twitter ist natürlich auch immer etwas los.

Ständig sind wir mit neuen Informationen und Reizen konfrontiert, zwischendrin sehen wir Werbung, bunte Farben, diverse Storys in Bild und Ton auf den sozialen Netzwerken. Das alles kann interessant sein, es stresst uns aber auch und lenkt uns bisweilen vom Wesentlichen ab. Nehmen Sie sich also eine digitale Auszeit. Der Begriff *Detox* zeigt es bereits an, es handelt sich ein Stück weit um eine Entgiftungskur, denn an einem stressigen Tag kann die digitale Reizüberflutung tatsächlich Gift für Ihre innere Ruhe sein.

Es gibt verschiedene Varianten der digitalen Entgiftungskur. Unter Umständen verzichten Sie einen Tag lang *komplett* auf digitale Medien und leben ganz analog. Das wird Ihnen helfen, sich mehr auf das Hier und Jetzt zu konzentrieren, die Welt um Sie herum bewusster wahrzunehmen. Auch Ihre Familie, wenn Sie eine haben, oder Ihre Freundinnen und Freunde werden es Ihnen mit Sicherheit danken, denn so können Sie die neu gewonnene Aufmerksamkeit ihnen schenken.

Wenn Ihnen ein ganzer Tag am Stück für den Anfang noch zu viel ist, können Sie auch jeden Tag eine gewisse *Zeitspanne* einbauen, in der Sie auf digitales Entertainment verzichten (Stichwort: Alles zu seiner Zeit, Verantwortung für die eigenen Entscheidungen treffen). Nehmen Sie sich dazu einen festen Zeitraum, besonders gut eignet sich dafür die Zeit direkt nach der Arbeit. Dann möchte Ihr Geist am liebsten ohnehin entspannen und die bis dahin gewonnenen Eindrücke des Tages verarbeiten. Gehen Sie in sich oder beobachten Sie die Gesellschaft um sich herum, wie es auch die alten Stoiker bereits gerne getan haben. Die Beobachtung ist oftmals wesentlich spannender als jede Story auf Instagram. Oder aber Sie lesen, ganz analog, ein gutes Buch und tauchen auf diese Art und Weise in eine andere Welt ab.

Fokus auf das, was Sie kontrollieren können

Wir haben bereits anhand mehrerer Beispiele gelernt, dass die Entscheidung zwischen dem Kontrollierbaren und dem nicht Kontrollierbaren für die Stoiker von größter Bedeutung war. Nur über die Dinge, die man tatsächlich kontrollieren kann, lohnt es sich, Gedanken zu machen. Stoische Gelassenheit stellt sich also dadurch ein, dass wir uns auf die Dinge fokussieren, die tatsächlich in unserer Macht stehen, und andere Dinge außen vorlassen. Hierzu bedarf es einer Erkenntnis der eigenen Möglichkeiten und Grenzen, oder vereinfacht gesagt: Sie müssen erkennen, welche Dinge im Bereich Ihrer Kontrolle liegen und welche nicht.

Übung: Das Journal

Das *Journal*, oder auf Deutsch auch Tagebuch, ist eine gute Möglichkeit, um die eigene Einflusssphäre besser definieren zu können. Es ist das Festhalten von Gedanken, Ideen, Gefühlen und Erfahrungen in einem persönlichen Tagebuch. Schreiben Sie beispielsweise täglich auf, was Sie erreicht haben. Wenn Sie zum Beispiel ein Projekt auf der Arbeit angestoßen haben oder ein Treffen mit mehreren Freunden, die allesamt in unterschiedlichen Städten wohnen, organisiert haben, schreiben Sie dies in Ihr Journal. Notieren Sie, was Sie angestoßen und wie Sie es gemanagt haben.

Auf der anderen Seite können Sie ebenso gut notieren, was Sie *nicht* geschafft haben. Gab es Aufgaben in Ihrem Projekt, die Sie gerne selbst erledigt hätten, es aber (aus welchen Gründen auch immer) nicht geschafft haben? Notieren Sie auch diese Punkte, um ein besseres Gefühl dafür zu erhalten, was sich Ihrer Kontrolle entzieht.

Ein Beispiel: Sie arbeiten in einem international tätigen Chemie-Unternehmen. Es soll ein neues Produkt in Ihrem Werk hergestellt werden. Um die Prozesse im Unternehmen zu etablieren, wird ein Team zusammengestellt, dessen Teamleiter Sie sind. Sie können also bei den Faktoren, die Sie kontrollieren können, zum Beispiel die Aufgabenverteilung im Team, die Koordinierung des Einkaufs, das Weiterleiten der Lieferantenrechnungen an die Buchhaltung etc. notieren. Nun hat ein Lieferant in Asien Schwierigkeiten damit, ein dringend benötigtes Produkt zu liefern. Dies wiederum können Sie nicht beeinflussen. Zwar handelt es sich um ein durchaus gewichtiges Problem, dennoch haben Sie keinerlei Einfluss darauf, weshalb es sinnvoller ist, sich um die Prozesse zu kümmern, die Sie beeinflussen können. Arbeiten Sie mit Ihrem Team an Alternativen und suchen Sie nach möglichen Lösungen, zum Beispiel nach alternativen Lieferanten. *Fokussieren Sie sich auf das, was Sie kontrollieren können*!

Wenn Sie vor einem Problem stehen, sind also die entscheidenden Fragen:

- Kann ich es kontrollieren?
- Wenn ja: Was kann ich tun, welche Schritte sind einzuleiten? / aktiv daran arbeiten!
- Wenn nein: Gelassen bleiben / man kann es ohnehin nicht ändern

Akzeptanz für das, was Sie nicht kontrollieren können

Noch schwieriger, als den Fokus auf die Dinge zu legen, die man kontrollieren kann, ist oftmals die Akzeptanz dessen, worauf man keinen Einfluss hat. Das Wissen, keinerlei Einfluss auf etwas zu haben, belastet den Menschen häufig, denn viele von uns neigen dazu, sich an dem festzuhalten, was man (vermeintlich) in der eigenen Hand hat.

Beispiel: Klassisch hierfür ist die Flugangst. Überproportional viele Menschen haben Flugangst, wenn man bedenkt, dass es sich um das statistisch gesehen sicherste Verkehrsmittel der Welt handelt. Auf der anderen Seite haben nur wenige Leute Angst vor dem Autofahren, wobei hier die Unfallstatistik eine klare Sprache spricht: Autofahren ist wesentlich gefährlicher als Fliegen. Der Grund dafür ist, dass wir beim Autofahren der Illusion erliegen, wir hätten das Fahrzeug unter Kontrolle. Zwar kann auch ohne eigenes Fehlverhalten ein Unfall passieren, etwa durch das Fehlverhalten eines anderen Fahrers, einen Wildunfall etc., dennoch glauben wir, dass wir das Auto kontrollieren können, und wiegen uns deshalb in trügerischer Sicherheit, wohingegen wir uns als Flugpassagiere ausgeliefert fühlen.

Um ein echter Stoiker zu werden, ist es jedoch unerlässlich, eine Gelassenheit gegenüber dem zu erlangen, was Sie nicht kontrollieren können. Um bei unserem Beispiel zu bleiben, könnte man also sagen: Lehnen Sie sich im Flugzeug entspannt zurück, atmen Sie einige Male tief ein und aus, genießen Sie die Aussicht auf die Wolken und bleiben Sie gelassen, denn Sie können das Fluggeschehen ohnehin nicht beeinflussen. Da wir bereits über die inhaltliche Nähe stoischer Entscheidungen und psychoanalytischer Ansätze gesprochen haben, betrachten wir nun eine Methode der Psychoanalyse zur Erlangung einer größeren *Akzeptanz*.

Akzeptanz- und Commitmenttherapie

Ein noch recht neuer, aber in den vergangenen Jahren oftmals zitierter Ansatz auf diesem Feld ist die sogenannte *Akzeptanz- und Commitmenttherapie* (ACT) nach dem amerikanischen Psychotherapeuten Steven C. Hayes. Die ACT geht in ihren Methoden und Erklärungsansätzen über die Auseinandersetzung mit der Selbstreflexion und -akzeptanz weit hinaus. Wenn Sie sich en détail in die Theorie einarbeiten möchten, ist zusätzlich zur Lektüre des hier vorliegenden Textes das Buch *„ACT leicht gemacht. Ein grundlegender Leitfaden für die Praxis der Akzeptanz- und Commitmenttheorie"* von Russ Harris sehr zu empfehlen. An dieser Stelle wird jedoch auf den Teil der ACT eingegangen, der sich explizit mit der Akzeptanz und dem Umgang mit negativen Gedanken beschäftigt.

Grundsätzlich geht die Theorie davon aus, dass Ängste und negative Gedankenkreisläufe das Ergebnis unserer alltäglichen *Denkprozesse* sind. Derselbe Mechanismus, der uns erlaubt, Probleme zu lösen oder logische Zusammenhänge zu begreifen, beschert uns auf der anderen Seite irrationale Gedanken, wie zum Beispiel Zukunftsängste oder das Durchleben von unangenehmen Situationen aus unserer Vergangenheit. Die Betonung liegt hierbei auf der *Irrationalität,* also der Unbegründetheit, bestimmter Gedanken. Manche Ängste sind sicherlich rational, zum Beispiel ökonomische Ängste in Zeiten erhöhter Inflation. Andere Ängste sind irrational, sie können nicht durch Logik begründet werden, sind aber dennoch vorhanden und für denjenigen deutlich spürbar, der sie empfindet.

Das folgende Beispiel veranschaulicht die Überlegungen:

Beispiel: Vermutlich haben Sie ab einer gewissen Nähe oder Größe der Flamme Angst vor Feuer. Selbst wenn Sie noch nie in einem brennenden Haus gefangen waren oder einen Waldbrand aus nächster Nähe erlebt haben, reichen Ihnen die Bilder, die man gelegentlich davon im Fernsehen sieht, oder Erzählungen von Menschen, die eine solche Situation erlebt haben, um eine gesunde Angst aufzubauen.

Diese Angst ist deshalb gesund, weil sie Ihnen helfen kann. Sollten Sie tatsächlich einmal im Wald unterwegs sein und in der Ferne ein Feuer sehen, werden Sie von der Angst ergriffen und der in diesem Fall vielleicht sogar lebensrettende Fluchtreflex wird ausgelöst. Zum Problem würde die Angst erst dann werden, wenn Sie sie ständig verspüren würden, auch wenn weit und breit kein Feuer zu sehen ist (Klingen, 2010). Die Angst vor Feuer ist dabei ein sehr greifbares Beispiel, es lässt sich aber genauso gut auf die Angst vor einer ungewissen Zukunft oder andere, eher unkonkrete Ängste übertragen. *Problematisch sind die negativen Gedanken erst dann, wenn sie auftauchen, obwohl es keinen konkreten Auslöser gibt.* Wenn kein konkreter Auslöser vorhanden ist, kann die Angst auch nicht konkret bekämpft werden. Die Angst vor Hunden kann man gut kontrollieren, indem man es vermeidet, fremden Hunden zu nah zu kommen, die Angst wird ausgelöst, wenn man einem fremden Hund begegnet – man weiß aber auch, dass die Angst von dieser Begegnung herrührt. Wechselt man die Straßenseite und entfernt sich von dem Hund, nimmt die Angst wieder ab. Schlimmer wäre es demnach, wenn die Angst vor Hunden auch virulent wäre, wenn kein Tier zugegen ist. Die Ursache und den Auslöser unserer Ängste zu kennen ist also entscheidend für deren Bekämpfung.

Die Stoiker würden jedoch schlicht und ergreifend argumentieren: Außer in der konkreten Situation eines Brandes liegt das Feuer außerhalb unseres Einflussbereichs. Wenn wir es sehen, ist es unsere Entscheidung, wegzulaufen, das heißt, wir können unser Handeln beeinflussen. In einer Situation, in der kein Feuer in der Nähe ist, haben wir keinen Einfluss – wir können zum Beispiel nicht verhindern, dass durch einen Kurzschluss oder Brandstiftung irgendwo Feuer ausbricht. Auch werden wir nicht verhindern können, dass uns hier und da ein fremder Hund begegnet, der uns ein ungutes Gefühl vermittelt. Doch da die Angst, ähnlich wie die bereits erwähnte Flugangst, irrational ist, braucht es mehr als nur logische Erklärungen, um ihr Herr zu werden.

Ziel der ACT ist es nun, Kontrolle über diese irrationalen Gedanken und Gefühle, also die psychologischen Prozesse in Ihrem Gehirn, zu erlangen. Es geht nicht darum, sämtliche Ängste und negativen Gedanken beiseitezuschieben. Man soll stattdessen lernen, mit diesen Gedanken zu leben und sich nicht zu sehr von ihnen leiten zu lassen. Schließlich gehört ein gewisses Maß an Leiden zur menschlichen Existenz, jeder Mensch leidet auf seine eigene Art und Weise. Man könnte auch sagen: *Leiden ist menschlich*. Die ACT möchte den Menschen allerdings helfen, mit diesem Leid, sofern es psychischer Natur ist, umzugehen. Es geht nicht darum, Ihre Gedanken an sich zu ändern, vielmehr soll sich Ihre Sichtweise auf diese Gedanken verändern.

Dazu bedarf es eines gewissen Maßes an *psychischer Flexibilität,* also eines gesunden Umgangs mit Ihren Gefühlen, auch den belastenden. Sie sollten nicht versuchen, das Leid, die Trauer oder all die anderen schlechten Gedanken, die Sie umtreiben, vollständig zu kontrollieren; dies funktioniert meistens ohnehin nicht. Stattdessen sollten Sie sie *zulassen*. Lassen Sie sich allerdings nicht von ihnen kontrollieren, sondern versuchen Sie, eine gesunde Distanz zu Ihren Ängsten zu gewinnen. Lassen Sie Ihre Gedanken nicht die Oberhand gewinnen. Es sind nur Gedanken, sie müssen nicht zwangsläufig Angst mit sich bringen. Überlegen Sie stattdessen, was Ihnen wirklich wichtig ist, und überlegen Sie stets, ob das vorliegende Subjekt Ihrer Angst im Bereich Ihrer Kontrolle liegt oder nicht. Fragen Sie dazu:

- Kenne ich die Ursache meiner Angst?
- Kann ich diese kontrollieren / habe ich Einfluss darauf?
- Liegt die Angst im Bereich der kontrollierbaren oder der unkontrollierbaren Dinge? (Wenn man Höhenangst hat, kann man zum Beispiel kontrollieren, indem man nicht auf Türme oder Aussichtsplattformen klettert; bei Angst vor Hunden wird es schwieriger, man kann in der Regel nicht vollends verhindern, einem Hund zu begegnen).

Werte

Um zu definieren, was Ihnen im Leben wirklich wichtig ist, sollten Sie Ihre Werte kennen. Jeder Mensch hat gewisse Werte, das heißt Überzeugungen, wie ein gutes Leben aussieht, Ansichten bezüglich der Mitmenschen und auch Ansprüche an sich selbst. Stellen Sie sich folgende Fragen, um sich Ihrer Werte bewusst zu werden:

- Was ist mir wichtig im Leben?
- Warum ist mir das wichtig?
- Worum soll es in meinem Leben wirklich gehen?
- Wofür stehe ich, wofür trete ich ein?

Behalten Sie an dieser Stelle besonders die Ethik der Stoa im Hinterkopf: Wir sind eine Menschheitsfamilie, deshalb sind Werte wie Empathie, ein gemeinsames Miteinander, Mäßigung und Toleranz unabdingbar für unsere Gesellschaft. Darauf aufbauend können Sie einen eigenen Wertekompass etablieren. Um sich der eigenen Werte bewusst zu werden, gibt es folgende Übung:

Übung: Die Wunsch-Grabrede

Was zunächst ein wenig makaber klingt, kann Ihnen helfen, um Ihre Werte und vor allem Ihr Selbstbild besser zu verstehen. Stellen Sie sich Ihre Wunsch-Grabrede vor. Was soll über Sie auf Ihrer Beerdigung gesagt werden? Welche Eigenschaften sollen mit Ihnen in Verbindung gebracht werden? Alternativ können Sie sich auch überlegen, was später einmal auf Ihrem Grabstein stehen soll (*Grabsteinübung*). Diese Werte und Eigenschaften sind es, die Ihre Persönlichkeit und Ihr Selbstbild definieren.

Selbstbild und Selbstbewusstsein stärken
Anhand dieser Werte, die Sie vertreten, entwickeln Sie ein Selbstbild. Nehmen wir an, es ist Ihnen enorm wichtig, Ihre gesteckten Ziele im Leben zu erreichen, und Sie möchten jederzeit das Maximum aus sich herausholen (Selbstoptimierung; die beste Version des eignen Ichs sein). Dementsprechend stellen Sie hohe Erwartungen an sich selbst. Grundsätzlich ist diese Haltung auch mit der Philosophie der Stoa vereinbar, doch sie kann schnell zu Frustration und damit auch negativen Gedanken führen, wenn Sie Ihren eigenen Maßstäben nicht gerecht werden können (alles zu seiner Zeit).

Übung:Zeitplan erstellen
Erstellen Sie einen Plan für Ihre Zukunft, der einerseits auf die gesteckten Ziele, andererseits auf die zeitliche Komponente wert legt. Sie legen also nicht nur fest, welche Ziele Sie erreichen möchten, sondern vor allem, bis wann Sie sie erreichen möchten. „Ich möchte eine Familie gründen" ist ein schönes Ziel, doch wann genau soll die Familienplanung beginnen?

Hier setzt zudem der zweite Schritt ein: Unterscheiden Sie bei Ihrem Plan, wie in der stoischen Philosophie üblich, zwischen dem, was Sie beeinflussen können, und dem, was Sie nicht beeinflussen können. Die Ziele, die in Ihrer Hand liegen, können Sie in jedem Fall erfüllen. Die Ziele, die nicht oder nur bedingt in Ihrer Hand liegen, sollten Sie getrennt auflisten.

Ziele, die Sie selbst beeinflussen können, wären zum Beispiel, sich besser zu ernähren, mehr Sport zu treiben oder einen Sprachkurs zu besuchen, um beispielsweise Italienisch oder Französisch zu lernen. Dies sind klassische individuelle Pläne, deren Umsetzung einzig und allein von Ihrer Disziplin abhängig ist.

Ihre Beförderung hingegen können Sie nicht beeinflussen (indirekt ist dies natürlich durch gute Arbeitsleistung machbar, die finale Entscheidung obliegt aber Ihrem Chef). Trennen Sie also zwischen den Zielen, die Sie selbst erreichen können, und denen, für die es andere benötigt.

Einige Ihrer Pläne können hierbei konkretisiert werden, die zeitliche Dimension ist jedoch schwierig zu planen. Bleiben wir beim Beispiel der Familienplanung: Zwar können Sie sehr wohl festlegen, dass Sie eine Familie haben möchten, doch die genaue Zeit ist schwer abzuschätzen und von vielen Faktoren abhängig, denn selbst, wenn man den perfekten Partner / die perfekte Partnerin hat, lässt sich nicht sagen, ob es auf Anhieb mit dem Nachwuchs klappt. Auch bei diesen Zielen sollten Sie sich nicht zu viel Druck auferlegen. Tragen Sie Ihren Teil zum Gelingen bei, alles andere liegt nicht in Ihrer Hand.

Im letzten Schritt definieren Sie den Weg, den Sie zur Erreichung des Ziels einschlagen wollen. Welche Schritte wollen Sie gehen, was müssen Sie tun, um an Ihr Ziel zu gelangen?

Stellen Sie sich folgende Situation vor: Ihrem Selbstbild nach waren Sie immer eine starke, selbstbewusste Person, die ihr Leben im Griff hatte. Doch plötzlich überkommt Sie eine diffuse *Zukunftsangst*. Sie sind noch nicht verheiratet, haben noch nicht einmal einen festen Partner, haben sich aber stets Familie gewünscht. Was, wenn Ihr Leben nicht so verläuft, wie Sie es sich vorgestellt haben? Sie beginnen, zu zweifeln. *Bin ich vielleicht gar nicht so stark und selbstbewusst, wie ich es immer dachte?* Solche Gedanken können auftauchen, wenn Sie sich allerdings zu stark von ihnen vereinnahmen lassen, kann Ihre Psyche darunter leiden. Irgendwann verkehrt sich Ihr Selbstbild möglicherweise. Sie sehen sich nicht mehr als selbstbewusste, starke Person, sondern als *Häufchen Elend*: „Ständig nur am Jammern und ohne einen festen Plan für die Zukunft." Daraufhin ziehen Sie sich zurück, der Druck wird Ihnen zu viel, da Sie mit sich selbst derart im *Ungleichgewicht* (Sie erinnern sich: für die Stoiker war es essentiell, mit sich und der Welt im Gleichgewicht zu sein) sind, möchten Sie auch Ihre Freundinnen und Freunde nicht mehr sehen, haben keine Motivation mehr für Ihren Job, Ihre Hobbys etc.

Diese Haltung kann gefährlich werden. Die ACT setzt also an diesem Punkt an und versucht, Ihnen einen Perspektivwechsel zu ermöglichen. Im ersten Schritt machen Sie sich bewusst, wie Sie sich aktuell selbst wahrnehmen („Erkenne Dich selbst"): *„Mein Verstand sagt mir, dass ich mein Leben nicht im Griff habe und deswegen nutzlos bin."*

Im zweiten Schritt machen Sie sich dann aber bewusst, dass Ihnen der Kontakt zur Außenwelt wichtig ist. Schließlich ist es in der Stoa nicht entscheidend, mit sich selbst im Gleichgewicht zu sein, sondern auch mit Ihren Mitmenschen und der Welt. Sie möchten nach draußen, Sie möchten andere Leute sehen. Sie sagen sich also selbst: *„Der Kontakt mit anderen ist mir wichtig. Ich gehe nach draußen, auch wenn ich mir dessen bewusst bin, dass ich Angst habe und mich eventuell unwohl fühlen könnte."*

Übungen: Selbstbewusstes Auftreten

Lachen Sie über sich selbst

Insbesondere Menschen, die an einem mangelnden Selbstbewusstsein leiden, neigen dazu, dies überspielen zu wollen. Sie möchten besonders cool, lässig und vor allem unfehlbar wirken. Wenn Sie den Selbstbewussten spielen, kann dies aber auch auf Skepsis bei anderen stoßen. In der Regel haben Menschen ein gutes Gespür dafür, ob jemand seine Emotionen ernsthaft verkörpert oder ein Spiel spielt. Wenn Sie die Skepsis der anderen spüren, kratzt dies zusätzlich an Ihrem Selbstbewusstsein. Versuchen Sie also nicht, unfehlbar zu wirken und dadurch unnahbar zu werden, sondern zeigen Sie offen, dass Sie sich selbst nicht zu ernst nehmen. Das wirkt sympathisch und menschlich und zeugt zudem von echtem Selbstbewusstsein. Wenn Sie sich bei einem Vortrag verhaspeln, nehmen Sie es mit Humor und lachen Sie über sich selbst. Natürlich sollen Sie sich nicht zum Clown machen, aber hin und wieder ist es durchaus angemessen, sich selbst ein wenig auf die Schippe zu nehmen. Wer über sich selbst lachen kann, strahlt aus, dass er so selbstsicher ist, dass er es auch einmal ertragen kann, kurzzeitig für unfreiwillige Lacher zu sorgen.[1]

Arbeiten Sie an Ihrer Körpersprache

Eine grundlegende Erkenntnis der Kommunikationswissenschaft lautet: *Man kann nicht nicht kommunizieren.* Selbst wenn Sie, ohne ein Wort zu sagen, in der Bahn oder auf einer Parkbank sitzen, strahlen Sie etwas aus, das die Menschen um Sie herum wahrnehmen. Vor allem handelt es sich dabei um die Körpersprache. Diese ist entscheidend, wie wir Menschen wahrnehmen, denn nicht nur der Inhalt, auch das Auftreten beeinflusst unsere Wahrnehmung. Wir alle kennen sicherlich aus der Schule Situationen, in denen Lehrer, die fachlich zweifelsfrei kompetent waren, nicht als Respektpersonen wahrgenommen wurden, da ihr Auftreten etwas anderes vermittelte: Leise Stimme, gebückte Haltung und ein leicht schlurfender Gang und schon war es für den Lehrer schwieriger, den Respekt seiner Klasse zu gewinnen. Achten Sie daher unbedingt auf Ihre Körpersprache: Gehen Sie, wenn möglich, aufrecht, setzen Sie sich gerade hin und weichen

[1] Eine kleine Anekdote hierzu: Ich war auf einer Vortragsreihe zum Thema kognitive Dissonanzen und deren Verarbeitung im Gehirn. Ein Vortragender wollte das Wort „Organismus“ sagen, sagte aber stattdessen *Orgasmus*, was beim Publikum für Heiterkeit sorgte. Der Redner selbst merkte dies jedoch direkt und sagte nur lächelnd: „Ich hoffe, es sind nicht zu viele Freudianer unter Ihnen, die mir nun etwas von der Freud'schen Fehlleistung erzählen.“ Damit überspielte er seinen Versprecher und wirkte trotz diesem vollkommen souverän.

Sie Blicken und Begegnungen nicht aus. Auf diese Art und Weise strahlen Sie ein höheres Selbstbewusstsein aus und werden von anderen auch so wahrgenommen. Wenn andere Sie als Respektperson ansehen, steigert das wiederum Ihr Selbstwertgefühl.

Gehen Sie auf andere Menschen zu

Auch wenn es Ihnen schwerfällt, aber die Überwindung ist es wert: Gehen Sie auf andere Menschen zu und sprechen Sie diese proaktiv an. Sie werden sehen: Wenn Sie mit einer positiven Grundhaltung auf die Menschen zugehen, werden Sie auch eine positive Grundhaltung der Menschen Ihnen gegenüber spüren. Ihr Verhalten wird sozusagen *gespiegelt*. Wenn Sie jemandem ein Kompliment machen, werden Sie mit einer höheren Wahrscheinlichkeit ein Kompliment zurückerhalten. Dies wiederum stärkt Ihr eigenes Selbstbewusstsein. Gehen Sie daher auf Menschen zu und verlassen Sie, falls nötig, dafür Ihre Komfortzone.

Selbstreflexion als zentrale Aufgabe

Dieses Beispiel beschreibt das Konzept der *Defusion*. Dabei geht es darum, das eigene Selbstbild *kritisch zu hinterfragen* und gegebenenfalls aufzugeben, also um die von den Stoikern geforderte Selbstreflexion. Manche Selbstbilder sind nämlich schädlich, vor allem, wenn sie zu hohe Erwartungen hervorbringen. *„Ich muss immer alles im Griff haben, muss alles kontrollieren"* ist eine häufige Erwartung an sich selbst. Sobald man das Gefühl von Kontrollverlust erleidet, beginnt das Gedankenkarussell, sich zu drehen. Dabei kann man nicht immer alles kontrollieren, manche Situationen muss man aushalten, man kann sie nicht beeinflussen. Der österreichische Lyriker Rainer Maria Rilke hatte vielleicht sogar die Stoa im Kopf, als er schrieb: „Manchmal kann man nicht gewinnen, manchmal kann man nur aushalten."

An diesem Punkt setzt die ACT an und versucht, Ihnen klarzumachen, dass Sie diese Angst vor Kontrollverlust zwar in sich tragen, sie aber Ihr Leben nicht bestimmen darf: *„Ich weiß, dass ich immer alles kontrollieren möchte, aber ich weiß auch, dass das nicht geht. Ich setze mich Situationen aus, die ich nicht beeinflussen kann. Es ist in Ordnung für mich."*

Übungen: Kontrolle abgeben

Vielen Menschen fällt es schwer, Kontrolle abzugeben. Wir sind davon überzeugt, dass wir unsere Aufgaben gut erfüllen, zum Beispiel auf der Arbeit. Wenn wir die Kontrolle abgeben, vermuten wir häufig, dass die Qualität der Arbeit oder die Stringenz, mit der sie erledigt wird, nachlässt. Wichtig ist aber, zu verstehen, dass wir nicht alles kontrollieren können. Es gibt, um es mit den Stoikern zu sagen, Dinge, die wir nicht beeinflussen können. Daher sollten Sie lernen, Kontrolle abzugeben, folgende Übungen helfen Ihnen dabei:

Das Worst-Case-Szenario

Fragen Sie sich selbst: Was ist das Schlimmste, was passieren kann, wenn Sie Kontrolle abgeben? Wenn Sie nicht gerade Herzchirurg sind oder am Bau einer nuklearen Bombe beteiligt sind, wird die Antwort vermutlich lauten: *Nichts wirklich Schlimmes*. Selbst wenn Ihre Annahme also stimmt, dass die Qualität der Arbeit, die Genauigkeit beim Führen der Haushaltskasse oder die Organisation des Sommerfests in Ihrem Verein nachlässt, wenn Sie die Verantwortung dafür abgeben, werden Sie merken, dass nichts Gravierendes passiert. Die Welt dreht sich weiter und niemand kommt zu Schaden und das selbst dann, wenn wir den *Worst Case*, also den schlimmsten Fall, annehmen.

Suchen Sie eine Vertrauensperson

Wenn Sie nicht gerade zu den wenigen Menschen gehören, die niemandem vertrauen können außer sich selbst, fällt Ihnen mit Sicherheit auf Anhieb mindestens eine Person ein, der Sie in irgendeinem Bereich Ihres Lebens Vertrauen schenken. Vielleicht geben Sie Ihrem Nachbarn den Wohnungsschlüssel, damit er während Ihres Urlaubs die Blumen gießt und die Post einholt, oder Sie vertrauen Ihr Baby Ihrer Mutter an, während Sie auf der Arbeit sind. Das heißt im Umkehrschluss – Sie sind durchaus in der Lage, auch Verantwortung zu übertragen, wenn es sich um eine Person handelt, der Sie vertrauen. Suchen Sie eine solche Person auch zum Beispiel auf der Arbeit; jemanden, dem Sie vertrauen können, ohne große Angst zu haben. Auch Ihre Lebenspartnerin oder Ihr Lebenspartner sollte zu diesem Kreis zählen. Mit ausreichendem Vertrauen fällt es leichter, Kontrolle abzugeben.

Betrachten Sie Ihren Zeitplan
Wir haben zu einem früheren Zeitpunkt bereits über die Erstellung eines Zeitplans gesprochen. Gehen Sie diesen Zeitplan in aller Ruhe durch, werden Sie merken, dass die meisten großen Marken, die Sie sich gesetzt haben, nicht von Ihnen alleine kontrolliert werden können. Sie haben selbstredend Einfluss auf Ihre Beförderung oder Ihre Familienplanung, aber es sind immer auch exogene, also von außen wirkende, Faktoren, die über das Erreichen Ihrer Ziele bestimmen. Die absolute Kontrolle ist also ohnehin eine Illusion, gehen Sie daher gelassen mit der Situation um und werden Sie sich dessen bewusst, dass wir viel weniger kontrollieren können, als uns lieb ist.

Auch klassische Geschlechterrollen können zu falschen und überzogenen Erwartungen an sich selbst führen. Ein Mann muss immer stark sein, muss alles reparieren können und muss der Ernährer und Beschützer der Familie sein. Eine Frau muss immer ruhig und zurückhaltend sein, muss sich um die Familie sorgen und soll dabei möglichst gut gelaunt sein. Zum Glück gehen diese sehr traditionellen Vorstellungen der Geschlechter seit Jahren immer weiter zurück, doch in manchen Teilen der Gesellschaft sind sie noch immer verankert. Hinterfragen Sie diese Erwartungshaltung. Sind diese Werte wirklich entscheidend für Ihr Leben? Falls nicht, gibt es keinen Grund, sich Gedanken zu machen, wenn man ihnen nicht genügen kann – soziale Stereotype und Rollenbilder gehören schließlich zu den Dingen, die wir *nicht* beeinflussen können.

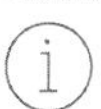

Stereotype
Der Begriff des Stereotyps stammt aus den Sozialwissenschaften und beschreibt ein klischeehaft verkürztes oder überzeichnetes Bild einer bestimmten gesellschaftlichen Gruppe. Dabei sind Stereotype mehr als bloße Vorurteile, wie etwa „Blondinen sind nicht besonders schlau", sondern den Personen oder Personengruppen werden bestimmte Eigenschaften zugeschrieben, die ein Bild von ihnen vermitteln sollen.

Zum Beispiel: Frauen sind weniger durchsetzungsfähig als Männer, da sie nicht so entschlossen auftreten und nicht so gut verhandeln können. Oder: Menschen mit Migrationshintergrund haben eine bestimmte Art und Weise, aufzutreten, sie sprechen mit einem Soziolekt, tragen Kleidung bestimmter Marken und verhalten sich auf die für sie typische Art und Weise. Stereotype schwingen unbewusst häufig bei der Kategorisierung von Menschen im Rahmen unserer alltäglichen Begegnungen mit. Wir verbinden gewisse Stereotype mit den sozialen Gruppen, denen die Menschen angehören, welchen wir tagtäglich begegnen. Stereotype können zu einer enormen Belastung werden, selbst wenn sie positiver Natur sind. Es gibt durchaus Stereotype mit positiver Konnotation, etwa die liebende und hingebungsvolle Mutter. Diese wird oft positiv assoziiert, kann aber auch Mütter unter Druck setzen, diesem Idealbild unbedingt entsprechen zu müssen.

Es geht bei der ACT also um Achtsamkeit. Sie sollten sich Ihrer selbst bewusstwerden und auf diese Weise auch einen bewussten Umgang mit schlechten Gedanken und Ängsten finden. Hier ist auch deutlich die Verbindung zu Meditations- und Achtsamkeitsübungen erkennbar. Einige dieser Atem- und Meditationstechniken haben wir bereits kennengelernt. Falls Sie sich also darüber gewundert haben, in einem Ratgeber zum Thema Stoizismus plötzlich Meditations- und Atemübungen zu finden, sollten Sie sich des Einflusses bewusst sein, den die Stoa auch auf derartige Praktiken ausübt. Die stoische Lehre hat ihre Spuren also nicht nur im Christentum und dem Buddhismus hinterlassen, sondern auch in der modernen Psychologie! Es geht bei der Akzeptanztherapie, wie auch im Zen-Buddhismus und bei den meisten Meditationsformen, darum, *das Hier und Jetzt* zu erkennen, sich auf sich selbst zu konzentrieren und somit zu einer entspannteren, stoischen Haltung zu gelangen (Klingen, 2010).

Leben Sie also Ihr Leben konsequent so, wie Sie es leben möchten, und akzeptieren Sie, dass Sie hin und wieder mit unangenehmen, schwierigen Situationen konfrontiert werden, dass Sie auch manchmal Angst haben, aber dass Sie gut damit umgehen können. Wie Sie die Gedanken stoppen und mit ihnen umgehen können, haben Sie ja bereits in den vorherigen Kapiteln gelernt (Mauseloch-Technik, Gedankenstopp). Die bisher vorliegenden Untersuchungen legen nahe, dass die ACT mindestens so erfolgreich, wenn nicht sogar erfolgreicher, ist wie klassische, etablierte Therapieansätze (Plegger, Schade, Diefenbacher, & Burian, 2014).

Wachsamkeit gegenüber Ihren Begierden

Wie wir bereits wissen, wurden die Triebe von den Stoikern als hinderlich bei der Erlangung höherer Erkenntnisse betrachtet. Triebe führen zu Begierden, die oftmals nicht geistiger, sondern körperlicher Natur sind und daher der Konzentration auf die geistigen Sphären im Wege stehen. Begierden sind menschlich und natürlich und sollten, ähnlich wie die Triebe, nicht gänzlich unterdrückt werden. Sowohl laut der Stoa als auch laut dem Christentum ist es allerdings die Mäßigung, die notwendig ist, um das richtige Maß zwischen der Auslebung und der Unterdrückung der Begierde zu finden.

Die häufig erwähnte Selbstreflexion und die von den Stoikern angenommene Autonomie des Individuums sind dabei wichtige Themen. Da der Mensch frei in seinen Entscheidungen ist, obliegt es ihm, in welchem Ausmaß er sich zu mäßigen bereit ist. Eine feste Regel kann hier nur schwer ausgemacht werden, daher sollen an dieser Stelle Übungen präsentiert werden, die Ihnen dabei helfen, die für Sie passende Balance aus Mäßigung und Triebbefriedigung zu definieren.

Übungen: Maß und Mitte finden

Aus der Vergangenheit lernen

Für die erste Übung bedarf es wieder einmal einer Reflexion. Nehmen Sie sich Zeit, um in sich zu gehen und im besten Fall sogar aufzuschreiben, wann Sie in der Vergangenheit schon einmal das Maß verloren haben. Wann haben Sie zuletzt über die Stränge geschlagen? Das kann bei einer Party gewesen sein oder in Form von übermäßigem Alkohol- oder Tabakkonsum. Aber auch ein spätabendlicher Besuch im Fast-Food-Lokal und der anschließende Verzehr einer Packung Chips können als Maßlosigkeit gelten. Reflektieren Sie, warum Sie in der konkreten Situation die Mäßigung verloren haben. War es Stress oder Frust oder schlicht und ergreifend fehlende Reflexion? Überlegen Sie für sich, ob diese Maßlosigkeit etwas gebracht hat. In der Regel werden Sie feststellen, dass Sie sich nach einem Exzess eher schlechter fühlen als zuvor. Wenn Sie zu viel trinken, ist Ihnen im Anschluss schlecht und Sie müssen sich übergeben, essen Sie zu viel oder zu fettig, können Sie schlecht schlafen und müssen ständig die Toilette aufsuchen etc. Wenn Sie verstanden haben, dass eine Überschreitung von Maß und Mitte keinesfalls nur Freude bereitet, sondern unter Umständen schädlich sein kann, werden Sie sich fragen, ob Sie die „Exzesse" wirklich brauchen. Lautet die Antwort *Nein*, haben Sie den ersten Schritt in Richtung Mäßigung bereits getan.

Mit Grenzen experimentieren

Maß und Mitte bedeutet letzten Endes nichts weiter als die Abkehr von *Extremen*. Wenn Sie in bestimmten Situationen oder bestimmten Kontexten zu extremen Handlungen neigen, versuchen Sie, diese bewusst zu umgehen und Ihre üblichen Grenzen zu verschieben. Wenn Sie wissen, dass Sie dazu neigen, zu viel zu essen, sollten Sie bei zwei oder drei Mahlzeiten einmal ausprobieren, was passiert, wenn Sie aufhören, zu essen, noch bevor Sie satt sind. Wenn sich die ersten Anzeichen einer leichten Sättigung einstellen, hören Sie augenblicklich auf. Vielleicht werden Sie feststellen, dass Ihnen diese Menge Essen reicht. Geben Sie Ihrem Körper erst einmal Zeit, zu verdauen, und unter Umständen empfinden Sie danach keinen Hunger mehr. Wenn Sie sich zu sehr in Ihre Arbeit vertiefen und diese nicht loslassen können, auch wenn Sie längst Feierabend haben, lassen Sie bewusst etwas liegen. Natürlich sollten dies keine wichtigen oder dringenden Unterlagen sein, aber eine weniger dringliche E-Mail lassen Sie einfach bewusst unbeantwortet. Auch wenn es beim ersten und zweiten Mal sicherlich schwerfällt, werden Sie auch hier schnell merken, dass Sie mit der Situation erstaunlich gut umgehen können und dass es keine negativen Konsequenzen gibt, wenn man hin und wieder eine einzelne Mail nicht direkt beantwortet.

Wie würden Sie Ihr Kind erziehen?
Eltern haben zweifelsohne eine Vorbildfunktion und auch wenn sie dieser nicht immer gerecht werden können, kann man sicherlich den meisten Eltern zugutehalten, dass sie versuchen, gute Vorbilder zu sein. Dabei bringen die meisten Eltern ihren Kindern bei, nicht zu viel zu essen oder zu trinken, denn von zu vielen Gummibärchen oder Kuchen bekommen sie Bauchschmerzen. Auch wollen wir unseren (dann schon älteren) Kindern vermitteln, dass zum Beispiel Rauchen oder übermäßiger Alkoholkonsum ungesund ist. Der Wert der Mäßigung spielt bei der Kindererziehung eine große Rolle. Daher sollten Sie gut überlegen, wenn Sie selbst planen, etwas zu tun: „Würde ich meinem Kind dazu raten, dies zu tun?"

Für dieses Gedankenexperiment ist es keine Voraussetzung, dass Sie tatsächlich Kinder haben. Die meisten von uns haben dennoch eine Vorstellung davon, was sie ihren Kindern vermitteln würden, selbst wenn sie nicht in der entsprechenden Situation sind, tatsächlich welche zu erziehen. Die Faustregel bei diesem Gedankenexperiment lautet: Wenn Sie Ihren Kindern davon abraten würden, etwas zu tun, sollten Sie es besser selbst auch nicht tun. Zwar können Erwachsene mit Alkohol, Zigaretten oder auch sonstigen Drogen wie etwa Koffein besser umgehen als Kinder, doch das alleine ist noch kein Argument pro Konsum dieser Drogen. Auch wenn Sie drei oder vier Bier locker verkraften – reicht nicht eines oder zwei? Was würden Sie Ihrem 16-jährigen Kind raten? Dass es so viel Bier trinken soll wie möglich oder dass nach einem oder maximal zwei Bier Schluss ist? Versuchen Sie, eine Vorbildfunktion sich selbst gegenüber wahrzunehmen und so zu angemessener Mäßigung zu gelangen.

Sicherlich wird es die eine oder andere Situation geben, in der Sie nicht den selbst auferlegten Mäßigungsgrundsätzen entsprechen (können). Das ist an sich kein Problem, die Stoa kennt keine Beichten und auch keine Sünden im christlichen Sinne. Solange Sie selbst lernen und sich weiterentwickeln, seien Ihnen Fehltritte oder kleinere Rückschläge auf dem Weg zur Mäßigung und zum enthaltsamen Leben erlaubt.

HERAUSFORDERUNGEN ALS CHANCE, ZU WACHSEN

„Es gibt keine Probleme, nur Herausforderungen" ist ein etwas überspitzter Leitsatz, der gerne in den Führungsetagen größerer Unternehmen zitiert wird. Was der Satz aussagen soll, ist, dass man sich nicht von Problemen überwältigen lassen soll, sondern stets die Lösung im Blick haben muss. Lassen wir existentielle Probleme wie schwere Krankheiten oder familiäre Problemsituationen außer Acht, stellen wir fest, dass in der Tat viele unserer Probleme mit der richtigen Lösung gut bewältigt werden können bzw. nicht als Probleme, sondern in der Tat lediglich als Herausforderung gesehen werden können.

Beispiel: Stellen Sie sich vor, Sie bekommen auf der Arbeit ein Projekt zugewiesen. Dieses kostet Sie viel Zeit und Mühe, da die Deadline zur Abgabe knapp bemessen ist. Natürlich können Sie auf der einen Seite das Problem sehen – wenig Zeit, viele Überstunden, Stress etc. Auf der anderen Seite können Sie aber auch die Herausforderung darin wahrnehmen – es bietet sich die Möglichkeit, sich in Ihrem Unternehmen zu profilieren und sich einen Ruf als Mitarbeiter zu erarbeiten, dem auch schwierige Projekte anvertraut werden können. Und sehen Sie es positiv: Da die Deadline bereits in zwei Wochen ist, sind es wenigstens „nur" zwei Wochen mit Stress und Überstunden und kein ganzer Monat. Begreifen Sie die Herausforderung positiv und sehen Sie die Chancen anstatt der negativen Seiten.

- Welchen Mehrwert bietet mir die Herausforderung, sowohl persönlich als auch evtl. monetär (Beförderung, Bonus etc.)?
- Kann ich persönlich überhaupt beeinflussen, ob ich vor die Herausforderung gestellt werde oder nicht? Wenn nein, können Sie ohnehin nichts daran ändern. Es ist also die deutlich bessere, weil vernünftigere Alternative, sich mit der Herausforderung zu arrangieren und die positiven Seiten zu sehen.
- Wie sieht das Worst-Case-Szenario aus? Kann etwas wirklich Schlimmes passieren, wenn Sie die Herausforderung nicht meistern? In der Regel passiert hier nichts Gravierendes. Von daher kann man gelassen an die Herausforderung herangehen und sie als Challenge begreifen.

Bei näherer Betrachtung werden Sie feststellen, dass es viele solcher kleinen Herausforderungen in Ihrem Alltag gibt, die Ihnen helfen können, persönlich zu wachsen; die Stoiker würden sagen: Sie gelangen näher an den *Idealzustand der Weisheit und Tugendhaftigkeit*. Begreifen Sie Herausforderungen stets als Chance für sich: Wenn der Arzt Ihnen sagt, dass Sie abnehmen sollen, sollte Sie das nicht betrüben. Seien Sie nicht traurig, weil Sie ab sofort auf Schokolade verzichten müssen, sondern sehen Sie die Challenge darin: Wenn ich auf Schokolade verzichte, werde ich gesünder und leistungsfähiger!

Sie nähern sich dem Ideal der Enthaltsamkeit an. Die Challenge besteht zudem niemals aus reinem Verzicht, sondern immer auch aus der Suche nach einer besseren Alternative. Verzichten fällt wesentlich leichter, wenn man eine bessere / gesündere / effektivere Alternative anbieten kann.

Dieser Gedankensprung ist jedoch nicht immer einfach zu vollziehen. Gerade bei überaus schwierigen Herausforderungen neigen wir reflexartig dazu, erst einmal das Problem wahrzunehmen und im zweiten Schritt über die Chancen nachzudenken. An dieser Stelle setzt wiederum die Fähigkeit zur Reflexion ein. Als rationale Wesen sind wir in der Lage, über derartige Abläufe nachzudenken. Wir sind in der Lage, eine kognitive Umstrukturierung vorzunehmen. Betrachten wir diese Methode kurz genauer:

Kognitive Umstrukturierung zur Umkehr negativer Gedanken

In der Psychotherapie wird beim Prozess der Umwandlung von negativen in positive Gedanken und Grundeinstellungen häufig die Methode der *kognitiven Umstrukturierung* angewendet. Grundlage dieser Methode ist das sogenannte A-B-C-Modell.

Beispiel: Stellen Sie sich vor, Sie treffen eine Bekannte beim Einkaufen. Sie sind nicht eng befreundet, aber Sie kennen sich gut genug, um kurz stehen zu bleiben und sich auszutauschen. Sie sagt zu Ihnen: „Oh, du hast eine neue Frisur, die ist aber ganz schön extravagant." Dieser Satz besteht zunächst nur aus einer Feststellung („Du hast eine neue Frisur"), die richtig oder falsch sein kann, und aus einer Einschätzung („Die ist aber extravagant"). Beim Nachdenken über diesen Satz kommen Selbstzweifel in Ihnen auf: Warum hat sie bloß die Frisur erwähnt? Und der Kommentar, dass Sie extravagant ist, der kann ja nur negativ gemeint sein. Diese Wertung war in der Aussage Ihrer Bekannten keinesfalls enthalten, dennoch fühlen Sie sich danach schlechter / unsicherer.

Wenn Sie die Situation schildern wollten, würden Sie vermutlich sagen: „Ihre Bemerkung hat mich verunsichert." Doch eigentlich war es nicht die Bemerkung Ihrer Bekannten, die Sie verunsichert hat, sondern Ihre *eigenen Gedanken und Empfindungen*, die aus ihrer Bemerkung resultierten, oder psychologisch ausgedrückt: Ihre *Kognition*! Weil Sie die Bemerkung als Angriff auf Ihre Person interpretieren und sich dementsprechende Gedanken machen („Warum sagt sie so etwas?" / „Kann sie mich nicht leiden?" / „Findet sie mich unattraktiv?"), fühlen Sie sich aufgrund der Bemerkung schlecht. In Wahrheit wissen Sie allerdings nicht, wie der Kommentar der Bekannten zu verstehen ist. Vielleicht ist sie sozial ein wenig ungeschickt und sagte nur frei heraus, was sie in diesem Moment dachte, ohne eine Intension und ohne zu bedenken, wie dieser Satz bei Ihnen ankommt. Oder vielleicht war es sogar als Kompliment gemeint, da für Sie das Wort extravagant eine positive Konnotation hat und der Kommentar in Wahrheit als Kompliment zu verstehen ist. In jedem Fall ist es wichtig, zu verstehen, dass nicht die Äußerung Ihrer Bekannten (**A**) zu Ihren negativen Empfindungen (**C**) führt, sondern Ihre eigenen Gedanken und Gefühle (**B**) zwischengeschaltet sind. Aus A folgt B und aus B folgt C, weshalb das Modell A-B-C-Modell genannt wird.

Die kognitive Umstrukturierung erfolgt also auf Grundlage des A-B-C-Modells. Der Ansatz, der dabei verfolgt wird, ist die Umstrukturierung von B, also der eigenen Gefühlswahrnehmung und der daraus resultierenden (negativen) Gedanken.

Übung: Kognitive Umstrukturierung in fünf Schritten

1. Das Modell verstehen
Zunächst müssen wir verstehen, was das A-B-C-Modell bedeutet. Ihnen muss bewusst sein, dass A nicht zu C führt, sondern B zu C. Reflektieren Sie also in Situationen, in denen Sie ein schlechtes Gefühl haben (Überforderung, man sieht nur Probleme und keine Chancen), das A-B-C-Modell.

2. Die Aufdeckung von dysfunktionalen Kognitionen in einer konkreten Problemlage:
Im nächsten Schritt erfolgt die Erkenntnis, dass die Kognition dysfunktional ist. In einfacheren Worten ausgedrückt bedeutet das: Es ist schlicht unvorteilhaft für Sie und für Ihre mentale Gesundheit, wenn Sie dazu neigen, Probleme zu sehen anstatt der damit verbundenen Lösungen und Chancen. Es gilt, zu verstehen, dass in einer konkreten Problemlage die Chance, persönlich zu wachsen, größer ist als die Hindernisse. So etwa in dem Beispiel mit dem herausfordernden Projekt: Es bedeutet Stress, bietet aber zeitgleich die Möglichkeit, sich in der Firma zu profilieren.

3. Die Infragestellung dieser dysfunktionalen Kognitionen:
Wenn Sie erst einmal verstanden haben, dass Sie es mit dysfunktionalen Kognitionen zu tun haben, geht es im nächsten Schritt darum, diese infrage zu stellen. Warum neige ich dazu, die Dinge tendenziell negativ zu sehen? Wo sind die positiven Aspekte, die ich bisher ausgeblendet habe, und warum überwiegen sie in meiner Denkstruktur nicht? Wenn Sie diesen Reflexionsprozess erst einmal begonnen haben, werden Sie schnell dazu kommen, die dysfunktionalen Kognitionen grundsätzlich zu hinterfragen. Sie werden zu der Erkenntnis gelangen, dass diese niemandem weiterhelfen, weder Ihnen selbst (im Gegenteil, denn Sie werden dadurch ausgebremst) noch Ihrem Umfeld, in dem oben genannten Beispiel etwa Ihren Arbeitskollegen.

4. Die Erarbeitung von angemessenen / funktionalen Kognitionen:
Wenn Sie sich also innerlich von Ihren als dysfunktional erkannten Kognitionen verabschieden, benötigen Sie neue, positive Kognitionen. Anstatt den Kommentar Ihrer Bekannten aus dem eben genannten Beispiel mit Kritik in Verbindung zu bringen, sollten Sie also zu einer positiven Grundhaltung gelangen: „Sie hat meine Frisur als extravagant bezeichnet, das ist für sie bestimmt ein positiver Ausdruck, also wollte Sie mir ein Kompliment machen.“ Aus einem negativen B wird also ein positives B. Dieser Prozess muss zu Beginn sicherlich forciert werden, doch positives Denken kann man trainieren. Im letzten Kapitel werden wir eine 28-Tage-Challenge skizzieren, mit der Sie in unter einem Monat zum Stoiker werden. Bestandteil

dieser Challenge wird auch das positive Denken sein. Lassen Sie die Äußerungen anderer auf sich wirken und sagen Sie sich bewusst immer wieder: Es ist positiv gemeint, in dieser Aussage steckt etwas Gutes. Ebenso können Sie mit Herausforderungen im Alltag verfahren. Sagen Sie sich bewusst und direkt vor: „Diese Herausforderung ist eine Chance, es gibt etwas Positives daran."

5. Die Einübung der funktionalen Kognitionen in konkreten Problemlagen:
Ähnlich wie die Interpretation eines Kunstwerks kann auch die Erarbeitung funktionaler Kognitionen schnell abstrakt werden. Darum ist es entscheidend, die Kognitionen im Alltag einzuüben und sie so konkret werden zu lassen. Gehen Sie also bewusst durch Ihren Alltag und versuchen Sie jeden Tag gezielt, positiv zu denken und Ihre Umwelt unter positiven Gesichtspunkten zu deuten. Betrachten Sie einen Fremden, der sich neben Sie auf eine Bank setzt, nicht als Störenfried, sondern als potenziellen interessanten Gesprächspartner. Er setzt sich nicht neben Sie, um Sie zu entnerven, sondern weil er sich neben Ihnen wohl fühlt. Begegnen Sie Fremden gegenüber offen und sprechen Sie mit Ihnen, wenn sich eine gute Gelegenheit ergibt. Fassen Sie Kritik oder Feedback, das Sie auf der Arbeit oder auch aus Ihrem privaten Umfeld erhalten, nicht als Angriff oder Beleidigung auf, sondern sehen Sie es als Chance, zu wachsen und sich zu verbessern. Kritik geht niemals gegen Sie persönlich, sondern ist auf sachlicher Ebene begründet. Sie werden sehen, dass es Ihnen schon nach kurzer Zeit besser damit geht.

Durch die kognitive Umstrukturierung lernen Sie, negative Gedanken (Probleme) neu zu begreifen und die Chancen dahinter zu sehen. Somit werden Sie persönlich wachsen und sich dem stoischen Ideal weiter annähern.

ZEIT: NUTZEN SIE SIE WEISE

„Die Zeit drängt“ – unser Alltag in der Moderne ist vor allem durch ständigen Zeitmangel geprägt (Bethke, 2016). Viele von uns leben dauerhaft mit dem Gefühl, nicht alles zu schaffen, was sie sich vornehmen. Man würde viel mehr schaffen, wenn man nur mehr Zeit hätte – doch genau hier beginnt das Problem: Betrachten Sie Zeit als eine Ressource, als etwas Knappes und daher Wertvolles. Gold ist nicht etwa so wertvoll, weil es besonders nützlich wäre, sondern weil es knapp und begehrt ist. *Je knapper ein Gut ist, desto wertvoller ist es.* Daher sollten wir die Zeit als eines der wertvollsten Güter überhaupt betrachten.

Wir alle haben nur ein begrenztes Zeitbudget und auch für den Fleißigsten von uns hat der Tag nur 24 Stunden. Daher ist es umso entscheidender, was wir mit der Zeit, die uns zur Verfügung steht, anfangen. Effektive Nutzung der gegebenen Zeit ist ein wesentlicher Schlüssel zu einem stoischen und entspannteren Leben. Die alten Römer formulierten hierzu den Satz *Carpe Diem* – „Nutze den Tag“, der heutzutage zurecht oft zitiert wird. Zeitmangel führt zu dem Gefühl von Stress und Überforderung – zwei negative Empfindungen, die wir nach Möglichkeit vermeiden sollten. Teilen Sie sich daher Ihre Zeit weise ein und vermeiden Sie Zeitmangel und damit einhergehenden Zeitdruck.

Eine gute Einteilung von Zeit ist also essentiell, um zu einem echten Stoiker zu werden. Daher sollen an dieser Stelle fünf praktische Tipps vorgestellt werden, mit denen ein effizientes und präzises Zeitmanagement gelingt.

Übungen: Zeitmanagement

To-do-Listen:

Eine der ältesten, aber nach wie vor effektivsten Möglichkeiten, Zeit zu managen, ist die To-do-Liste. Diese kann in Papierform oder auch digital, zum Beispiel auf dem Smartphone, geführt werden. Schreiben Sie auf der To-do-Liste genau auf, was Sie erledigen wollen, und vor allem, wann Sie es erledigen wollen. Sie müssen keine konkreten Uhrzeiten festlegen, aber zumindest der Tag sollte feststehen. Im besten Falle führen Sie sogar tagesaktuelle To-do-Listen. Wir hatten bereits über den Mehrwert von morgendlichen Routinen gesprochen – bauen Sie doch zum Beispiel das Erstellen einer To-do-Liste für den kommenden Tag als Morgenroutine in Ihren Alltag ein. So gewinnt der Tag an Struktur und Sie haben mehrere Erfolgserlebnisse am Tag, immer dann, wenn Sie einen Punkt von Ihrer Liste streichen können.

Unterteilung großer Aufgaben in Unterpunkte:
Die Liste sollte natürlich nicht endlos lang sein; die To-do-Liste soll Sie auf keinen Fall unter Druck setzen, sondern vielmehr eine positive Motivation hervorrufen. Insbesondere, wenn Sie große Aufgaben auf Ihrer Liste stehen haben, sollten Sie diese in einzelne Schritte untergliedern. „Das Haus renovieren" ist zum Beispiel ein großer Punkt, der in dieser Form auf einer To-do-Liste stehen kann, aber die Renovierung eines Hauses kann unmöglich an einem Tag erfolgen. Daher sollten Sie Unterpunkte einführen, zum Beispiel: das Treppengeländer abschleifen, die Decke im Flur streichen, die kaputte Fliese im Bad austauschen etc. So wird Ihre Liste übersichtlicher und Sie haben nicht das Gefühl, dass Ihre Aufgaben Ihnen über den Kopf wachsen.

Sich selbst Deadlines setzen:
Die Einhaltung von Deadlines ist enorm wichtig. Wenn Sie selbst Ihre To-do-Liste erstellen, werden in der Regel keine fixen Deadlines vorgegeben, wie es zum Beispiel auf der Arbeit oder in der Kommunikation mit Behörden üblich ist. Ein Projekt ist bis zu einem gewissen Stichtag zu erledigen, ein Bußgeld bis zu einem gewissen Datum zu bezahlen etc.

Seien Sie in diesem Fall ruhig streng mit sich selbst und setzen Sie sich ambitionierte Deadlines. Anderenfalls neigen die Menschen häufig dazu, die Aufgaben schleifen zu lassen und vor sich herzuschieben: „Warum soll ich denn heute etwas erledigen? Ich kann es doch auch noch morgen machen." Mit dieser Einstellung werden Sie Ihre To-do-Liste vermutlich nie vollständig abarbeiten können. Seien Sie daher konsequent in der Einhaltung von Deadlines. Natürlich sollten Sie auch darauf achten, dass diese realistisch sind. Ein Haus in einer Woche zu renovieren ist nahezu unmöglich; nur den Flur zu renovieren, ist in dieser Zeit allerdings machbar.

Synchronisation mit dem Biorhythmus:
Unser Biorhythmus entscheidet darüber, ob wir tendenziell eher früh aufstehen und früh ins Bett gehen oder später aufstehen und erst spät in der Nacht schlafen gehen. Jeder Mensch hat einen eigenen Biorhythmus, doch grundsätzlich unterscheidet man zwischen Lerchen und Eulen, also Frühaufstehern und Langschläfern, um umgangssprachliche Formulierungen zu verwenden. Gerade während der Schulzeit werden einige Kinder gezwungen, entgegen Ihrem natürlichen Rhythmus aufzustehen und zur Schule zu gehen – dies kann sich negativ auf die Leistungen der Schüler auswirken, wie moderne Untersuchungen zeigen (Stöckel, 2022).

Versuchen Sie also, bei der Zeitplanung Ihren individuellen Biorhythmus zu berücksichtigen. Wenn Sie wissen, dass Sie zum Beispiel abends effizienter arbeiten können und auch zu späten Uhrzeiten keinen Leistungsabfall verspüren, planen Sie anstrengende oder herausfordernde Arbeiten auch zu dieser Zeit ein. Wenn Sie jedoch wissen, dass Sie um sechs Uhr früh bereits hellwach sind, aber ab zehn Uhr abends am liebsten ins Bett fallen würden, sollten Sie herausfordernde oder konzentrationsbedürftige Arbeiten am Morgen erledigen.

Zeitfresser reduzieren:
In unserem Alltag begegnen uns Menschen oder geraten wir in Situationen, die unsere Zeit förmlich zu fressen scheinen. Unnütze Gespräche ohne inhaltlichen Mehrwert gehören genauso dazu wie das Suchen von Wohnungsschlüsseln oder der beiläufige, unaufmerksame Konsum von *Social-Media-Inhalten*. Wo immer es möglich ist, versuchen Sie, derartige Zeitfresser zu vermeiden. Wenn Sie ein wichtiges Projekt auf der Arbeit haben und bemerken, dass ein Kollege Ihnen lediglich eine Anekdote von seinem Wochenende erzählen will, können Sie ihn ruhig höflich, aber bestimmt mit dem Hinweis auf Ihr Arbeitspensum unterbrechen.

Eine Tagesstruktur hilft, Zeitfresser zu vermeiden, denn unnützes Überlegen, was Sie eigentlich noch dringend machen wollten, kostet ebenfalls wertvolle Zeit, die Sie anders nutzen können. Versuchen Sie zudem, den beiläufigen Konsum von sozialen Netzwerken zu vermeiden. Es spricht nichts dagegen, sich mit Hilfe elektronischer Unterhaltungsmedien dann und wann zu entspannen, doch Videos oder Bilder „durchlaufen zu lassen", ohne sich konkret mit den Inhalten zu befassen, bedeutet Zeitverlust ohne erkennbaren Mehrwert. Lassen Sie Instagram oder TikTok also lieber einmal mehr geschlossen und widmen Sie sich stattdessen anderen Aufgaben.

Die Tugenden des Stoizismus trainieren

„Es sind nicht die Dinge selbst, die uns bewegen,
sondern die Ansichten, die wir von ihnen haben."
(Epiktet)

Stoiker zu werden ist sicherlich keine leichte Aufgabe, doch sie ist keinesfalls unmöglich. So kann man die Tugenden, die uns die Stoa nahelegt, im Alltag trainieren. Vor allem vier wesentliche Grundtugenden des Stoizismus können durch grundständige Übungen erlernt werden, die jeder von uns problemlos in den Alltag integrieren kann.

Anpassungsfähigkeit

Charles Darwin beschreibt in seiner Abhandlung *„Über die Entstehung der Arten"* das oft zitierte *„survival of the fittest"*. Diese Formulierung wird fälschlicherweise oft mit „Überleben des Stärkeren" übersetzt, was inhaltlich allerdings falsch ist. „to fit" heißt im Englischen nichts anderes als *passen*. Der Fitteste ist im eigentlichen Wortsinn also der *Angepassteste*, der, der am besten in seine Umwelt hineinpasst. Im Tierreich ist dies ziemlich eindeutig. Manche Tiere können Ihre Farbe wechseln, um sich vor Fressfeinden zu verstecken, andere können spucken, um sich zu verteidigen, und Tiere, die in der Wüste vorkommen, können teils tagelang ohne Wasser überleben. Wer sich den gegebenen Bedingungen um ihn herum anpassen kann, hat also die besten Chancen, zu überleben.

Auch in der Stoa taucht der Gedanke der Anpassungsfähigkeit auf. Wir sollen im Einklang mit uns selbst und der Welt um uns herum stehen. Das bedeutet aber auch: Wenn die Welt um uns herum sich ändert, müssen wir uns daran anpassen, um diesen Einklang nicht zu verlieren. Eine gewisse Gelassenheit hilft natürlich auch dabei, sich besser an äußere Umstände anzupassen. Wichtig an dieser Stelle ist, zu erwähnen, dass es den Stoikern nicht darum geht, wie ein Fähnchen im Wind zu schwingen und *alles mitzumachen*, sondern darum, dort, wo es der Einklang mit den anderen und mit der Gesellschaft erfordert, nicht stehen zu bleiben und stur auf seinem Standpunkt zu verharren.

3 Übungen zur besseren Anpassungsfähigkeit

1. Verlassen Sie die Komfortzone

Es mag wie eine Floskel klingen, doch die eigene Komfortzone zu verlassen ist enorm wichtig, um gedanklich flexibel und damit anpassungsfähig zu bleiben. Stellen Sie sich vor, Sie arbeiten in einem Projektteam und haben eine tolle Idee, die zum Gelingen des neuen Projekts beitragen kann. Normalerweise überlassen Sie das Denken und die Eigeninitiative aber Ihren Vorgesetzten und bringen selbst keine innovativen Ideen ein. Sie haben sich also in einer Komfortzone eingerichtet, indem Sie sich lediglich als ausführendes Organ ohne Eigeninitiative begreifen. Um beruflich voranzukommen, kann es jedoch nicht schaden, auch über den Tellerrand hinauszublicken und zu handeln.

Passen Sie sich daher entsprechend an: Die Arbeitswelt hat sich geändert, es gibt in den meisten Unternehmen keine starren Hierarchien mehr wie noch vor 30 Jahren, alle Mitarbeiter können Ideen einbringen, wenn diese sinnvoll und zielführend sind.

Um die Komfortzone zu verlassen, können Sie sich bewusst in herausfordernde Situationen begeben, deren Ausgang Sie noch nicht kennen. Praktizieren Sie folgende Übungen für Ihren Alltag:

- Nehmen Sie eine völlig ungewohnte Strecke zur Arbeit oder benutzen Sie ein anderes Transportmittel als üblich. Wenn Sie sonst Auto fahren, fahren Sie nun Zug, wenn Sie sonst S-Bahn fahren, fahren Sie mit dem Fahrrad usw.
- Kaufen Sie andere Lebensmittel ein als üblich. Probieren Sie etwa Produkte aus, die Sie noch nie zuvor gegessen haben. Gehen Sie in einen asiatischen Supermarkt oder bestellen Sie bei einem Lieferdienst für Produkte aus Lateinamerika und lassen Sie sich von neuen Gewürzen, Geschmäckern und Produkten überraschen.
- Tragen Sie bunte oder extravagante Kleidung. Wenn Sie normalerweise eher gedeckte, klassische Farben tragen, probieren Sie sich aus und wagen Sie, ein pinkes, buntes oder kariertes Hemd zu tragen. Auch wenn Ihnen die Blicke in der Fußgängerzone zunächst unangenehm erscheinen mögen, werden Sie schnell sehen, dass es auch angenehm oder aufregend sein kann, im Mittelpunkt zu stehen.

Dies sind nur einige, harmlose und sozialverträgliche, Ideen, um aus der Komfortzone herauszukommen. Diese lassen sich ohne großen zeitlichen oder erheblichen finanziellen Aufwand umsetzen. Sie werden schnell feststellen, dass es belebend und befreiend sein kann, die eigene Komfortzone zu verlassen. Weitere Ideen und Anregungen werden Sie in der 28-Tage-Challenge zum Ende dieses Buches kennenlernen.

2. Lernen Sie den Umgang mit Veränderungen

Die meisten Menschen unterliegen der Illusion, alles unter Kontrolle zu haben, doch Veränderungsprozesse, die wir nicht beeinflussen können, zeigen uns oftmals das Gegenteil auf. Plötzlich sind wir mit einer neuen Realität konfrontiert, die wir selbst nicht mitgestalten können. Welcher Verwaltungsangestellte hätte zum Beispiel in den 1980er oder 1990er-Jahren damit gerechnet, dass sein Hauptarbeitsmittel im Jahr 2010 ein Computer sein würde und alle Vorgänge digital angelegt werden anstatt als Papierakte? Die Veränderung kam und die unmittelbar von ihr betroffenen Angestellten konnten nichts dafür oder dagegen tun – sie waren *machtlos*.

Der antike griechische Philosoph Heraklit sagte einmal: „Nichts ist so beständig wie der Wandel", und damit hat er recht! Lernen Sie also, mit Veränderungen umzugehen. Seien Sie offen für neue Techniken und neue Arbeitsweisen, neue Mode etc. Das Gebot der Toleranz des Stoizismus kommt hier zum Tragen: Nur weil etwas anders ist, als Sie es gewohnt sind, heißt es nicht, dass es schlechter sein muss. Wie können Sie also davon profitieren? Sie können zum Beispiel auch von jüngeren Leuten neue Dinge lernen. Eine Übung, die Sie leicht durchführen können, ist das Frage-Antwort-Spiel.

- Frage: Es ist etwas Neues aufgetaucht, das ich nicht verstehe. Wer kann mir helfen?
  - Antwort: Jemand, der sich auskennt.
- Frage: Wie funktioniert es? / Was kann ich tun, um es zu erlernen?
  - Antwort: Du musst folgende Schritte beachten: ...
- Frage: Brauche ich es? / Macht es meinen Alltag leichter?
  - Antwort: ja → ich sollte mich näher damit befassen / nein → ich bin tolerant gegenüber der Änderung, befasse mich selbst aber nicht näher damit.

Veränderungen können durchaus auch kritisch gesehen werden, es geht nicht darum, alles, was neu ist, grundsätzlich positiv zu bewerten. Doch auch das andere Extrem, alles Neue grundlegend abzulehnen, ist keine angemessene Option. Dazu dreht sich die Erde zu schnell und zu viele Neuerungen sind in den letzten Jahren erschienen, weitere werden auf uns zukommen. Bewahren Sie also unbedingt Toleranz und Offenheit neuen Dingen gegenüber. Auch hierzu werden Sie eine Übung in der 28-Tage-Challenge finden.

3. Stellen Sie Ihr Ego zurück

Für die Stoiker ist das Individuum zwar entscheidend, es sollte aber in keinem Fall egoistisch oder selbstherrlich sein, sondern – wie wir bereits gelernt haben – im Einklang mit seiner Umgebung stehen. Unserer gedanklichen Flexibilität kann aber das Ego durchaus im Weg stehen. Sich auf Veränderungen einlassen heißt auch, sich auf andere einzulassen und andere Perspektiven einzunehmen. Selbst, wenn Ihnen zum Beispiel eine Änderung im Arbeitsablauf in Ihrer Firma vollkommen unsinnig erscheint, mag es Kollegen geben, die von dem neuen Verfahren profitieren und deren Arbeitsalltag es erleichtert. Wenn Sie jedoch nur an Ihr Ego denken, blenden Sie diese Perspektive aus und denken nicht weit genug.

Versetzen Sie sich also in andere hinein. Wir haben bereits Übungen zum vereinfachten Erlernen von Empathie kennengelernt. Ebenfalls relevant in diesem Kontext können Achtsamkeitsübungen sein, die Ihnen dabei helfen, sowohl auf sich selbst als auch auf die Bedürfnisse und Gefühle der anderen besser zu achten.

Achtsamkeitsübung:
Im ersten Schritt gilt es, innezuhalten. Versuchen Sie, in sich zu gehen und die Situation, in der Sie sich befinden, so ganzheitlich wie möglich zu erfassen. Nehmen Sie dabei einerseits Ihre Umgebung, aber auch Ihre eigenen Gefühle wahr. Versuchen Sie, gedanklich im Hier und Jetzt zu bleiben und die Situation so anzunehmen, wie sie ist. Schärfen Sie den Blick und die Wahrnehmung sowohl für Ihre eigenen Empfindungen als auch für die Menschen um Sie herum. Gehen Sie mit wachem Blick durch den Alltag und beobachten Sie Ihre Mitmenschen.

Selbstbeherrschung

Wer weise und gelassen sein will, der muss sich selbst im Griff haben und sich selbst mäßigen. Dass die Stoiker diese Ansicht vertreten haben, wurde bereits dargelegt. Dabei fasst der Begriff der Selbstbeherrschung diesen Umstand bestens zusammen. Wie ein Herrscher, der ein Volk regiert, sollten wir uns selbst gegenüber stets das richtige Maß zwischen Freiheit und Kontrolle finden. Weder die totale Kontrolle noch die absolute Abwesenheit von Kontrolle kann in einem System dauerhaft funktionieren. Blieben wir auf der Ebene der Herrschaft, führt uns die totale Kontrolle in Überwachungsstaaten, wie die DDR einer war, die totale Abwesenheit von Kontrolle indes führte uns in die Finanzkrise, da der Staat keinerlei Regularien mehr für die Finanzbranche verordnete.

Auch hier sind *Maß und Mitte* also entscheidend. Wechseln wir von der strukturellen auf die individuelle Ebene, bleibt die Erkenntnis dieselbe: Wir können uns nicht sämtliche Wünsche und Bedürfnisse versagen, wir können ihnen aber auch nicht allen nachgeben. Somit ist es Ihre Aufgabe als Stoiker, ein gutes Maß zu finden, mit dem Sie sich selbst beherrschen können, ohne jedoch zu restriktiv vorzugehen und sämtliche Triebe zu unterdrücken.

Selbstkontrolle

- Aktivitäten entstehen hier durch einen äußeren Anreiz und werden nicht durch die eigene Willenskraft in Gang gesetzt.
- Eine extrinsische Motivation sorgt dafür, dass ein Grund oder eine Belohnung vorliegt, für die es sich überhaupt lohnt, einer Tätigkeit nachzugehen.

Selbstregulation

- Handlungen werden auf freiwilliger Basis ausgeführt.
- Die Motivation kommt intern zustande und wird nicht durch externe Faktoren hervorgerufen.
- Das eigene Verhalten kann ohne besondere Anstrengungen von allein reguliert werden.
- Das Bewusstsein über die eigenen Fähigkeiten und Handlungen sowie die damit einhergehenden Folgen ist besonders intensiv ausgeprägt.

Selbstregulation und Selbstkontrolle

Nicht jedem ist bekannt, dass *Selbstregulation* und *Selbstkontrolle* zwei unterschiedliche Prozesse bezeichnen. Häufig wird die Selbstkontrolle mit der Selbstregulation gleichgesetzt, doch dies ist nicht ganz korrekt, denn dabei handelt es sich um zwei grundverschiedene Abläufe, die mit der eigenen Willenskraft zu tun haben.

Selbstkontrolle:

Unter Selbstkontrolle wird die *allgemeine Willenskraft* verstanden, die aufgebracht werden muss, um eine Handlung auszuführen. Es geht um die Erledigung einer Handlung, die als verpflichtend angesehen wird. Stellen Sie sich etwa Ihren Arbeitsplatz vor – Sie verrichten Ihre Arbeit weniger aus Spaß oder Zeitvertreib, sondern weil Sie damit Geld verdienen und sich so Ihren Lebensunterhalt sichern. Die Arbeit ist also eine *Notwendigkeit*. Für diese müssen Sie sich stets neu motivieren, Ablenkungen versuchen Sie, zu vermeiden, obwohl Sie grundsätzlich lieber mit etwas anderem beschäftigt wären. Sie kontrollieren sich also selbst und steuern Ihre Aktivitäten, damit Sie zu einem guten Ergebnis kommen.

Das bedeutet, Sie werden durch den externen Faktor *Entlohnung* angetrieben, müssen aber dafür Sorge tragen, dass Sie bei der Sache bleiben. Deshalb ist der Energieaufwand, den Sie für Ihre Selbstkontrolle aufbringen, sehr hoch und kann Sie dabei schnell an Ihre persönlichen Grenzen bringen. Diese Form der Motivation bezeichnet man auch als *extrinsische Motivation*, weil diese nur durch äußere Reize verstärkt und am Laufen gehalten wird.

Selbstregulation:

Bei der Selbstregulation jedoch kommt eher die *intrinsische Motivation* zum Tragen. Das bedeutet, Sie tun etwas, weil es Ihr eigener Wille ist. Sie sind motiviert und voller Tatendrang, weil Sie beispielsweise gute Erfahrungen machen möchten, und können Ihr Verhalten eigenständig in die richtigen Bahnen lenken. Die Selbstregulation erfolgt aus freien Stücken und Sie selbst müssen sich für diese Art der Willenskraft kaum anstrengen, insofern diese in ausreichendem Maß bei Ihnen vorhanden ist.

Sie regulieren also Ihr Verhalten selbstständig und irgendwann geschieht dieser Vorgang automatisch, sodass Ihre Selbstregulation zu einer Gewohnheit wird. Eine gesunde Selbstregulation zeichnet sich dadurch aus, die *Balance* zwischen dem Wahrnehmen der eigenen Bedürfnisse und der Kontrolle eigener Handlungen zu finden; sie ist also die Fähigkeit, die eigenen Gefühle und Handlungen so zu steuern, dass diese nicht die Überhand gewinnen. Sie warten dabei geduldig auf das perfekte Ergebnis, anstatt sich Ihren Impulsen hinzugeben.

3 Übungen zur besseren Selbstbeherrschung

1. Analyse:

Fragen Sie sich im ersten Schritt, *woher* Ihre Bedürfnisse kommen und warum es Ihnen derart schwerfällt, ihnen nicht nachzugeben. Insbesondere übermäßiger Konsum, zum Beispiel von Essen oder von Suchtmitteln, ist ein klares Zeichen für tieferliegende Bedürfnisse, die nicht befriedigt werden oder dies in der Kindheit nicht wurden. Der bereits erwähnte Begründer der Psychoanalyse, Sigmund Freud, bezeichnete das Rauchen zum Beispiel als *Ersatzbefriedigung*. Wir können einen unserer Wünsche oder Triebe nicht ausleben und greifen daher ersatzweise zu einer Zigarette, die unseren Nerven die Beruhigung verschafft, die wir eigentlich gerne auf andere Art und Weise erleben würden. Meistens bedarf es für die Feststellung des Ursprungs der Bedürfnisse nicht zwangsweise einer Psychoanalyse – meistens wissen Sie selbst am besten, woher Ihre Triebe kommen und wie Sie diese eigentlich befriedigen möchten.

Was fehlt mir in meinem Leben? Was hätte ich gerne, um glücklicher / zufriedener zu sein? Welche inneren Wünsche und Bedürfnisse habe ich, die ich im Alltag schwer oder gar nicht ausleben kann? Wie verhalte ich mich in Situationen, in denen ich merke, dass meine Bedürfnisse nicht befriedigt werden (können)?

Sollten Sie zu zügellosem Konsum neigen, kann der psychoanalytische oder therapeutische Ansatz sicherlich richtig sein, wenn die Triebbefriedigung aber nicht in pathologischem, also krankhaftem Ausmaß erfolgt, ist dies nicht nötig. Gehen Sie in sich und schreiben Sie bewusst Situationen auf, in denen es Ihnen schwerfällt, sich zurückzuhalten. Denken Sie noch in der Situation darüber nach und schreiben Sie zudem, was Sie tun könnten, um widerstandsfähiger zu werden. Letzten Endes können nur Sie Ihren inneren Schweinehund überwinden.

Fun Fact:
Auch Sport kann zum Beispiel eine Art von Triebabfuhr sein. Vielleicht kennen Sie das Gefühl, wenn Sie nach einem langen Arbeitstag noch unbedingt an die frische Luft oder ins Fitnessstudio gehen wollen, um sich auszupowern und Ihren Körper zu spüren? Außerdem nutzen viele Leute den Sport, um Stress abzubauen. Die Intension ist also eine ähnliche wie beispielsweise beim Stressessen, nur dass Sport natürlich die bessere Variante zum Stressabbau ist. Auch Sport kann zur Sucht werden, zwei- oder dreimal die Woche schadet er aber niemandem – ganz im Gegenteil. Wenn es Ihnen durch kognitive Umstrukturierung gelingt, den Sport anstelle anderer Triebbefriedigungen zu setzen, sind Sie einen großen Schritt weiter (*gesunder Körper in gesundem Geist*).

2. Nicht nachgeben

Eine der schwierigsten, aber gleichzeitig auch effizientesten Übungen trägt den einfachen Titel: „Nicht nachgeben". Setzen Sie sich genau mit den Dingen auseinander, auf die Sie nicht verzichten können bzw. von denen Sie glauben, es nicht zu können. Wenn Sie zum Beispiel zu häufig oder zu viel Schokolade essen, legen Sie eine Tafel Schokolade vor sich und blicken diese über zehn Minuten lang an, ohne sie zu essen. Blicken Sie bewusst nicht weg, sondern fokussieren Sie die Schokolade – so untermauern Sie die bewusste Entscheidung gegen Ihre Begierden. Auch aus dem „Nicht-Nachgeben" kann im Übrigen eine gewisse Befriedigung erwachsen. Begreifen Sie es als eine Art Challenge, bei der es Ihre Aufgabe ist, standhaft zu bleiben. Wenn Sie die Challenge gewonnen haben, werden Sie sehen, wie gut sich die Standhaftigkeit anfühlt. Natürlich reicht es nicht, die Challenge nur ein einziges Mal durchzuhalten, Sie sollten dies *mindestens eine Woche* lang jeden Tag für 10–15 Minuten versuchen. Sollten Sie der Versuchung doch an einem Tag erliegen, beginnt der Zeitraum von neuem. Mit dieser Methode kann in extremen Fällen sogar eine Abhängigkeit, etwa von Tabak, überwunden werden. Bei einer körperlichen Abhängigkeit von Suchtmitteln empfiehlt es sich jedoch, professionelle Hilfe zu suchen.

Hilfe finden Sie unter anderem hier:

- www.rauchfrei-info.de ist eine Webseite der Bundeszentrale für gesundheitliche Aufklärung (BZgA). Hier wird explizit ein Raucher-Ausstiegsprogramm angeboten.
- Auch bei Alkoholproblemen können Sie sich an die BZgA wenden: Hier gibt es unter anderem eine 52-seitige Broschüre mit Hilfestellungen für Leute, die mit dem Trinken aufhören wollen.
- Auch die Krankenkassen unterstützen abhängige Menschen beim Aufhören. Wenden Sie sich also an die Krankenkasse, bei der Sie versichert sind, und fordern Sie Hilfe an.
- Selbsthilfegruppen können zudem ein wirksames Mittel sein. Auch hier kann die Krankenkasse beispielsweise als Vermittler unterstützen.

3. Meditieren / innere Einkehr

Meditation war bereits des Öfteren Thema in diesem Ratgeber und auch hier kann Sie durchaus hilfreich sein. Herunterzukommen und die richtige Atemtechnik anzuwenden kann Sie im Zweifelsfall vor Kurzschlussreaktionen bewahren. Oftmals folgen wir beim Essen / Trinken / Rauchen einem inneren Impuls, den wir auf Anhieb abdämpfen wollen. Doch wenn Sie stattdessen kurz durchatmen, in sich gehen und Ihre innere Unruhe abmildern, indem Sie ruhig und kontrolliert atmen, benötigen Sie die Triebabfuhr unter Umständen nicht mehr. Das Zauberwort lautet hier: *Impulskontrolle*. Versuchen Sie, Ihre

Impulse zu kontrollieren, bevor Sie sich anderweitig Bahn brechen. Entspannung und Meditation können dabei unterstützen.

Innere Ruhe

Die innere Ruhe ist wahrscheinlich der Aspekt, der die Stoa am stärksten mit der Philosophie und der Religion verbindet. Der Einklang mit sich selbst oder das In-sich-Ruhen ist ein elementares Grundbedürfnis des Menschen, das zeitgleich schwierig zu befriedigen ist. Schließlich drehen sich unsere Gedanken und auch die Gefühle halten im Normalfall nicht still – wir können sie nicht immer kontrollieren.

Der Großteil dieses Buches beschäftigt sich explizit oder implizit mit dem Thema, wie innere Ruhe und Gelassenheit im besten stoischen Sinne von Ihnen erreicht werden kann. Stoiker zu werden bedeutet übersetzt: gelassener werden, innere Ruhe finden. Auch wenn bereits zahlreiche Anregungen und Übungen diesbezüglich besprochen wurden, sollen die folgenden Übungen noch einmal in aller Deutlichkeit aufzeigen, wie Sie zu einer verbesserten inneren Ruhe gelangen können.

3 Übungen für verbesserte innere Ruhe

1. Bewegung zur Freisetzung von Energie

Innere Unruhe kann mit einem übermäßigen Energielevel zusammenhängen. Dabei kann man durchaus auch gestresst sein, überschüssige Energie bedeutet keinesfalls, dass Sie sich auf der Arbeit langweilen oder im Alltag zu wenig zu tun haben. Gerade wenn man im beruflichen oder privaten Umfeld unter Stress steht, kann dies dazu führen, dass wir ein hohes Energielevel aufbauen, weil wir es akut benötigen, dann aber abends, wenn wir uns eigentlich entspannen sollten, nicht mehr zu der nötigen Gelassenheit kommen.

Bewegung kann Ihnen dabei helfen, diese überschüssige Energie abzubauen. Gehen Sie joggen, ins Fitnessstudio, schwimmen oder auch nur eine schnelle Runde mit Ihrem Hund. So können Sie die überschüssige Energie nach außen transportieren, anstatt Sie innerlich brodeln und wirken zu lassen. Wirkt die Energie in Ihnen, werden Sie schnell die Nervosität und Unruhe spüren, die Sie schlecht schlafen lassen und auf Dauer auch dazu führen, dass Sie weniger leistungsfähig und konzentriert sind.

Gehen Sie daher am besten unmittelbar nach der Arbeit zum Sport und bewegen Sie sich dort ausreichend, bis Sie sich in einem positiven Sinne ausgepowert fühlen. Anschließend haben Sie genügend Zeit, herunterzukommen und wieder Kraft zu tanken, bevor Sie später ins Bett gehen und – das werden Sie schnell merken – wesentlich besser schlafen, als wenn Sie die Energie in Ihrem Körper und Geist hätten arbeiten lassen.

2. Sprechen Sie sich aus

Manchmal hilft es einfach, sich Frust von der Seele zu reden. Auch hier gilt: Negative Gedanken anstauen und in sich arbeiten zu lassen, ist keine gute Idee, so werden die Gedanken immer größer und belastender. Wenn Sie erst einmal mit jemandem gesprochen haben, sieht die Welt gleich wieder ganz anders aus. Nicht nur, dass Ihre Gesprächspartner Ihnen Tipps geben oder Mut zusprechen können, sondern alleine das *Herauslassen* der Energie, in diesem Fall der negativen Gedanken, tut sein Übriges. Für eine Aussprache sollten Sie natürlich eine Person wählen, der Sie vertrauen und mit der Sie über alles sprechen können. Denn Offenheit ist bei der Aussprache essentiell: Es bringt weder Ihnen noch Ihrem Gesprächspartner etwas, wenn Sie versuchen, stark oder rational zu wirken, obwohl Sie es nicht sind. Lassen Sie alles heraus und offenbaren Sie Ihre Ängste, Sorgen und Empfindungen. Sie werden feststellen, dass eine echte Aussprache eine reinigende Wirkung erzielt und Sie sich im Anschluss deutlich besser fühlen.

3. Lehnen Sie sich zurück

„Leichter gesagt als getan", sagen Sie jetzt sicherlich. Doch gerade in stressigen Phasen neigen viele dazu, es erst gar nicht mit echter Entspannung zu versuchen, getreu dem Motto: „Ich kann mich ohnehin nicht entspannen" oder „Keine Zeit zur Entspannung, ich habe zu viel zu tun." Doch nichts ist so wichtig wie mentale Pausen zum Durchatmen. Letzten Endes sind diese Pausen auch effizienzsteigernd und daher eine gute Investition. Ein intelligenter Arbeitgeber wird seinen Mitarbeitern stets Pausenzeiten einräumen, auch wenn es augenblicklich viel zu tun gibt, da er weiß, dass eine kurze Entspannung auf Dauer produktivitätssteigernd ist.

Wenn Sie sich in Ihren eigenen vier Wänden gut entspannen können, spricht nichts dagegen, dies auch zu tun. Manche haben allerdings Probleme damit und können sich besser ausruhen, wenn keine Möglichkeit besteht, sich doch noch einmal an den Arbeits-Laptop zu setzen, oder wenn keine Wäsche gebügelt und kein Abwasch erledigt werden muss. Entspannung bieten zum Beispiel Thermen – gehen Sie in die Sauna und in ein Dampfbad und Sie werden feststellen, wie entspannend diese wirken. Städtische Bäder gibt es fast in jeder Umgebung, Sie müssen also nicht weit fahren und keine Unsummen ausgeben – doch seien Sie sich sicher, das Geld für einen Besuch in der Therme oder in einem Spa ist gut investiert.

Auch ein gutes Buch zu lesen kann sehr entspannend sein. Besser, als sich mit dem Smartphone abzulenken, ist es, ein Buch zur Hand zu nehmen und sich darin zu vertiefen. Auf diese Weise können Sie den stressigen Alltag ein wenig ausblenden und sich auf etwas vollkommen anderes konzentrieren und so in eine neue Welt eintauchen. Finden Sie für sich heraus, welcher Entspannungstyp Sie sind und wie Sie am besten runterkommen. Gönnen Sie sich die Auszeiten und Sie werden sehen, dass diese enorm wichtig sind.

Übungen: Tipps zur Entspannung

Einen Rückzugsort schaffen:

Im Normalfall sind wir stark in unserem Alltag eingebunden, wir interagieren mit anderen Menschen und bewegen uns in sozialen Räumen, in denen Normen und Konventionen gelten, denen wir uns unterordnen. Jeder Mensch benötigt aber auch einen *Safe Space*, einen Ort, an dem er ungestört ganz er selbst sein kann. Schaffen Sie sich also einen solchen Rückzugsort, an dem Sie Wut, Stress und negative Energie ablassen können. Wo dieser Raum sich befindet, ist Ihnen überlassen. Das kann ein gesondertes Zimmer in Ihrer Wohnung, ein Plätzchen im Garten oder inmitten der Natur sein. Wichtig ist aber, dass Sie wirklich ungestört sind und keine äußeren Einflüsse Sie ablenken. Der Rückzugsort ist eine Quelle der Kraft, aus der nur Sie schöpfen sollten.

Stellen Sie mobile Geräte temporär aus / stumm:

Oftmals fühlen wir uns verpflichtet, immer erreichbar zu sein. Es könnte ja jemand anrufen, etwas Wichtiges könnte passieren oder man könnte etwas verpassen. Theoretisch mag das zwar sein, in der Praxis stellen Sie aber fest, dass weitaus weniger passiert, als Sie vielleicht denken. Wie viele verpasste Anrufe haben Sie tatsächlich, wenn Sie Ihr Handy zum Beispiel für ein wichtiges Meeting ausstellen oder wenn Sie in den Urlaub fliegen und nach drei Stunden Flugzeit erstmals wieder Daten haben? In der Regel sind es nicht sehr viele. Gönnen Sie sich daher mobile Auszeiten und schalten Sie die entsprechenden Geräte ab, wenn Sie merken, dass Ihnen der Stress und die Dauerbelastung zu viel werden.

Außerberufliche Verpflichtungen reduzieren:

Kennen Sie das? Sie sind fertig mit der Arbeit, kommen aber keineswegs zur Ruhe, weil Sie Ihrem Nachbarn noch versprochen haben, ihm beim Entrümpeln des Kellers behilflich zu sein, eine Freundin wollte Sie auch noch anrufen, um mit Ihnen über ein noch nicht näher genanntes Problem zu sprechen, und Ihre Eltern haben Probleme mit der Internetverbindung, das wollten Sie sich doch auch noch einmal ansehen ... Außerberufliche Verpflichtungen, die irgendwie freiwillig sind, auf der anderen Seite aber auch einen Pflichtcharakter haben, können schnell zur zusätzlichen Belastung werden. Versuchen Sie daher, solche Termine zu reduzieren. Natürlich sollen Sie Ihren Freunden, Bekannten und Verwandten helfen, aber es muss nicht immer alles an einem Tag sein und manches davon kann sicherlich auch warten. Versuchen Sie also, Ihren privaten Terminkalender aufgeräumt zu halten und sich nicht zu viele zusätzliche Aufgaben aufzubürden.

Vernunft und Autonomie etablieren

Der vernünftige, selbstständig denkende und reflektierende Mensch ist das Idealbild der Stoiker. Nur, wenn wir in der Lage sind, auf Grundlage von Vernunft und Autonomie zu handeln, können wir zu Erkenntnissen gelangen – und die Erkenntnis unserer selbst und der Welt um uns herum ist für die Stoiker wiederum zentral.

Auch wenn die meisten Menschen sich als vernünftig und rational bezeichnen würden, sehen wir in der Praxis, dass das nicht immer stimmt. Menschen treffen Entscheidungen, die auf den ersten Blick keinen Sinn ergeben, weil ihre Gefühle oder ihre Wünsche sie dorthin bringen. Man kündigt einen sicheren und gut bezahlten Job, um sich selbst zu verwirklichen, oder geht eine Beziehung ein, die nach rationalen Gesichtspunkten zum Scheitern verurteilt ist, doch bei welcher die Gefühle in diesem Fall stärker sind. Gefühlen nachzugeben kann richtig sein, vorausgesetzt, der zweite genannte Aspekt ist erfüllt: die *Autonomie*. Doch auch das eigenständige Denken und Handeln ist uns nicht immer gegeben – wir werden häufig von unbewussten Trieben und Ängsten geleitet, die wiederum zu irrationalem Handeln verleiten können.

Vernunft und Autonomie sind also grundlegende Voraussetzungen für eine, im Sinne der Stoa, korrekte Handlungsweise. Daher sollen auch hier drei Übungen aufgezeigt werden, mit deren Hilfe Sie beide Aspekte verinnerlichen.

3 Übungen, um Vernunft und Autonomie zu etablieren

Selbstbetrachtungen

Marc Aurel ist noch heute berühmt für seine Selbstbetrachtungen. Diese können mit Fug und Recht als Musterbeispiel für eine gelungene Selbstreflexion angesehen werden. Abseits von der Lektüre des lesenswerten Werkes sollten Sie vor allem dessen Botschaft verinnerlichen: Betrachten Sie Ihre eigenen Handlungen und Denkweisen genauso kritisch wie die von anderen Personen. Auch wenn Sie in der Regel über Ihre Handlungen selbst entscheiden, heißt das nicht, dass Sie immer richtig entschieden haben. Aus Fehlern kann man lernen, wenn sie entsprechend aufgearbeitet und reflektiert werden.

Ähnlich wie Marc Aurel können auch Sie dazu entsprechende Notizen anfertigen oder eine Art Tagebuch führen. Reflektieren Sie darin:

- Welche Entscheidungen habe ich getroffen?
- Auf welcher Grundlage habe ich diese Entscheidungen getroffen?
- War es richtig, das zu tun?
- War es sinnvoll, das zu tun?
- Würde ich die Entscheidung wieder treffen und wenn ja / nein – warum?

Mit einer solch kritisch-reflektierten Haltung etablieren Sie auf alle Fälle eine gewisse Vernunft in Ihren Handlungen. Außerdem entwickeln Sie sich weiter und lernen, kluge Entscheidungen zu treffen. Je länger der Zeitraum, in dem Sie die Selbstreflexion betreiben, ist, desto vernünftiger werden Ihre Entscheidungen werden.

Do it yourself

Jeder Mensch hat gewisse Aufgaben, die er nach Möglichkeit versucht, zu vermeiden – entweder weil sie keinen Spaß machen oder weil man glaubt, kein Talent dafür zu haben. Grundsätzlich ist das natürlich in Ordnung – nicht jeder kann alles und nicht jeder kann alles können. Doch sich vor unliebsamen Aufgaben zu drücken, ist unter Umständen nicht immer hilfreich. Manchmal kann es sehr erfüllend sein, Aufgaben selbst zu erledigen, gerade dann, wenn sie nicht den eigentlichen Interessen und Talenten entsprechen.

Zweierlei Probleme sind hier auszumachen: Erstens bleiben Sie in Ihrer Komfortzone, wenn Sie sich ausschließlich auf die Aufgaben begrenzen, die Ihnen wirklich Spaß machen, zweitens begeben Sie sich dadurch in eine Abhängigkeit – also das Gegenteil von Autonomie. Wenn Sie zum Beispiel keine Lust haben, Ihre Steuererklärung selbst zu machen, ist es das Einfachste, sie von einem Steuerberater anfertigen zu lassen. So kommen Sie zwar um die leidliche Aufgabe herum, sind aber abhängig von der Arbeit des Steuerberaters, sind in dieser Frage also letzten Endes nicht autonom. Ebenso verhält es sich, wenn Sie sich nicht mit der neuen Technik auseinandersetzen wollen und ständig um Hilfe bei der Bedienung von Apps bitten müssen. Sie sind so nicht selbstständig.

Stellen Sie sich daher unbedingt auch unliebsamen Aufgaben und versuchen Sie, diese so gut es geht selbst auszuführen. Nur so können Sie tatsächlich Autonomie in sämtlichen Lebensbereichen etablieren.

Einen klaren Plan entwickeln

Klare und zielorientierte Vorgehensweisen benötigen klare und zielorientierte Pläne. Daher gilt: Was auch immer Sie vorhaben, entwickeln Sie einen Plan und ein gezieltes Vorgehen. Ein klarer Plan enthält:

- **Inhaltliche Definitionen:** Zunächst einmal ist es essentiell, festzuhalten, was der Gegenstand des Plans ist. Was soll erreicht werden, was soll umgesetzt werden? Mit anderen Worten: *Was ist das Ziel*? Bleiben wir der Einfachheit halber bei einem völlig banalen Beispiel. Wir möchten ein neues Bild im Wohnzimmer aufhängen. Im beruflichen Kontext gibt es sicherlich komplexere Pläne auszuarbeiten, doch dieses Beispiel verdeutlicht, dass wir selbst bei den einfachsten Dingen ein gewisses planerisches Grundgerüst benötigen.

- **Methoden:** Wenn wir wissen, was unser Ziel ist, müssen wir im nächsten Schritt definieren, wie wir an dieses Ziel gelangen. Welche Methoden müssen wir anwenden? In unserem Beispiel ist das einfach: Wir werden einen Nagel in die Wand schlagen und das Bild daran aufhängen.

- **Materialien:** Welche Materialien werden benötigt? Für eine gute Präsentation braucht es einen Beamer, für einen Workshop ein Flipchart und für das Bild, das wir aufhängen wollen, benötigen wir einen Hammer, einen Nagel und unter Umständen eine Wasserwaage, um das Bild auch tatsächlich gerade aufzuhängen.

- **Zeitliche Eingrenzungen:** Wir wissen nun also, was wir machen und wie wir es machen. Eine zeitliche Eingrenzung ist danach noch vonnöten. Gerade bei simplen Aufgaben neigen wir dazu, diese immer weiter zu verschieben: „So ein Bild ist doch schnell aufgehängt, das mache ich, wenn ich einmal Zeit habe." Doch dann hat man nie Zeit, bzw. wenn man sie hat, hat man keine Lust. Daher ist der zeitliche Rahmen bei der Entwicklung eines Plans unabdingbar. „Samstag hänge ich das Bild auf" ist ein konkreter Zeitplan, mit dem man arbeiten kann.

Einen Plan zu haben, ist also auf alle Fälle vernünftig und ein sinnvoller Schritt, um Vernunft und Autonomie zu etablieren.

Die Königsdisziplin: Stoizismus anwenden

„Der Geist ist Herr über sein Schicksal.
Er kann sowohl Ursache des Glücks als auch des Unglücks sein."
(Seneca)

Drei Beispiele zur Anwendung

Wir haben im Laufe der vergangenen Kapitel massenhaft Übungen kennengelernt, mit denen Sie den Stoizismus erlernen können. Wenn Sie auch nur einen Teil dieser Übungen ausprobiert und verinnerlicht haben, sind Sie zweifelsohne auf dem besten Weg, ein Stoiker zu werden. Nach dem Lernen folgt nun noch die Anwendung. In welchen konkreten Situationen kann es helfen, ein Stoiker zu sein? Diese Frage soll nach diesem Kapitel beantwortet werden. Wir betrachten hierzu drei Kernbereiche unseres alltäglichen Lebens, nämlich die Paarbeziehung, den beruflichen Kontext und – allgemein gesprochen – das, was wir *Alltag* nennen.

Heben Sie Ihre Beziehung auf das nächste Level

Stichworte:

- Empathie
- Gelassenheit
- Autonomie
- Einklang

Wiederkehrende Konflikte können eine Beziehung stark belasten. Oftmals spielen sich diese Konflikte im Laufe der Zeit ein, auch wenn keiner der beiden Partner ein ernsthaftes Interesse daran hat, treten immer wieder Situationen auf, die am Ende als Streit eskalieren. Meist handelt es sich um banale Streitfragen: Er lässt seine Kaffeetasse auf dem Esstisch stehen oder legt keinen Untersetzer darunter, sodass Kaffeeflecken auf dem Tisch entstehen. Sie wiederum räumt ihre Kosmetikartikel im Badezimmer nicht weg, weshalb es dort unordentlich aussieht.

Das große Problem an diesen Situationen ist nicht der Konflikt selbst, sondern das Verhalten der beiden Konfliktpartner. Gerade in lang anhaltenden Beziehungen neigen Partner oft dazu, sich gegenseitig zu *triggern*, also Gefühlsregungen im anderen auszulösen, die nicht sachlich begründet sind. Wenn er gerade eine stressige Phase auf der Arbeit durchlebt, sieht er es als sein gutes Recht an, auch einmal die Kaffeetasse stehen zu lassen, sie wiederum ist genervt und bringt das auch zum Ausdruck: „Du könntest ja auch mal was im Haushalt machen. Ständig räume ich dir hinterher." Diese Äußerung nervt ihn wiederum, er fühlt sich zu Unrecht angegriffen: „Ich mache gerne etwas im Haushalt, aber ich hab wirklich andere Sachen im Kopf als diese doofe Kaffeetasse. Du kannst sie doch auch einfach selbst wegräumen, wenn sie dich so stört."

Er versteht also nicht – oder will nicht verstehen –, dass nicht die Tasse selbst das Problem ist, sondern das Prinzip. Sie ist der Meinung, dass er sich nicht in den Haushalt einbringt. Eventuell vergisst sie dabei, dass er aufgrund des stressigen Jobs ausgelaugt ist und tatsächlich nicht mehr an die Tasse gedacht hat. Er vergisst aber, dass sie ebenfalls arbeitet und dort stressige Tage erlebt, darüber hinaus aber auch noch für den Haushalt verantwortlich gemacht wird, also doppelte Arbeit, aber keinen doppelten Lohn hat. Hier sind wir bereits beim ersten Punkt angelangt: der *Empathie*. Gerade in partnerschaftlichen Konflikten ist es unerlässlich, sich in die andere Person hineinzudenken und zu fühlen – „Ja, ich bin genervt von ihm / ihr. Aber sie hat schließlich auch in folgenden Punkten recht ..." oder „Ich kann verstehen, dass er / sie aktuell genervt ist, weil ..." Übungen für mehr Empathie haben wir bereits kennengelernt. Wenden Sie diese an und beginnen Sie dabei in Ihren eigenen vier Wänden, um den sprichwörtlichen Haussegen nicht schief hängen zu lassen.

Ein weiterer Punkt ist die Gelassenheit. Angenommen, sie kommt später nach Hause als geplant, ohne Bescheid zu geben. Er wartet bereits auf sie mit dem Essen und hat großen Hunger, da das Essen eine Stunde früher geplant war. Solche Situationen sind ärgerlich, doch sie lassen sich nicht ungeschehen machen. Sie liegen zudem ein Stück weit außerhalb dessen, was wir beeinflussen können. Vielleicht hatte die Bahn Verspätung, es war Stau oder der Chef hat sie nicht früher gehen lassen. In allen drei Fällen hätte sie nicht schneller zu Hause sein können, es lohnt sich also nicht, darüber nachzudenken, da man es nicht beeinflussen kann. Sie hätte allerdings anrufen und Bescheid sagen können, dies wiederum stand in ihrer Macht. Aber hätte es wirklich etwas geändert? Wahrscheinlich hätte er ohnehin auf sie gewartet und nicht einfach schon gegessen, schließlich ist es „nur" eine Stunde und man hat sich beiderseitig auf das gemeinsame Abendessen gefreut. Auch wenn die Situation ärgerlich ist, ist es also in jedem Fall angemessen, ihr mit einer gewissen *Gelassenheit* zu begegnen. Atmen Sie tief durch und wenden Sie eine der bereits vorgestellten Atemübungen an. Danach werden Sie wesentlich entspannter sein. Praktizieren Sie zudem Dankbarkeit: Sie leben in einer intakten Beziehung und haben genügend Essen auf dem Tisch – es gibt jede Menge Gründe, um dankbar zu sein. Machen Sie sich das deutlich! Mit dieser Dankbarkeit werden Sie Ihre Beziehung aufs Neue zu schätzen wissen und sie somit auf ein neues Level heben.

Ein weiterer wichtiger Punkt in einer Paarbeziehung ist die *Autonomie*. Wir sind zwar mit jemandem zusammen, was bedeutet, Kompromisse eingehen zu müssen, sich zu arrangieren und sich ein Stück weit auf einen anderen Menschen einzustellen. Dennoch sollten Sie niemals Ihre Autonomie aufgeben. Sie sind und bleiben eine eigenständige Persönlichkeit! Beziehungen, in denen die Partner ineinander aufgehen und nicht mehr ohneeinander auskommen, können als toxisch bezeichnet werden, da sie eine gegenseitige Abhängigkeit bedeuten, die eine Trennung, selbst bei objektiv nachvollziehbaren Gründen, nahezu unmöglich macht. Seien Sie kompromissbereit und empathisch, geben Sie aber niemals Ihre Persönlichkeit deswegen auf. Autonomie ist im Verständnis der Stoa der Grundstein für Erkenntnisgewinn und Weisheit. Geben Sie also Ihre Autonomie nicht auf, sondern ergänzen Sie sich mit Ihrem Partner. Es ist zudem um ein Vielfaches attraktiver und gesünder, wenn sich in einer Partnerschaft zwei Charaktere ergänzen, anstatt sich anzugleichen; denn Gegensätze ziehen sich bekanntermaßen an. Bleiben Sie also Sie selbst und bringen Sie sich mit Ihrer Persönlichkeit in die Beziehung ein.

Der Mehrwert einer intakten und harmonischen Beziehung ist unverkennbar. Die Stoiker wussten, dass der *Einklang* mit sich selbst und der Umwelt essentiell für ein gutes Leben ist. Und wo sollte man mit der Suche nach Einklang beginnen, wenn nicht in den eigenen vier Wänden, das heißt im eigenen Beziehungsleben? Konflikte sind normal und gehören zu einer gesunden Beziehung dazu – lassen Sie sich jedoch nicht aus der Ruhe bringen, sondern begegnen Sie möglichen Konfliktsituationen *gelassen*. Bringen Sie dabei Empathie auf und versuchen Sie, sich in die Lage des Partners hineinzuversetzen. Versuchen Sie, seine Argumente zu verstehen und ernst zu nehmen. Eine harmonische Beziehung bietet einen großen Mehrwert für Ihre persönliche Gelassenheit und Ihre persönliche Entwicklung. Heben Sie daher Ihre Beziehung mit den Mitteln der stoischen Philosophie auf ein neues Level.

Berufsleben: Entwicklung oder Stagnation?

Stichworte:

- Tugendhaftigkeit
- Maß und Mitte
- Autonomie
- Herausforderung als Chance begreifen

Die Stoa bietet Ihnen nicht nur Gelegenheit zur besseren Selbstreflexion oder die Anleitung zu einer entspannten Grundhaltung, sondern sie kann auch als Antriebsmotor für die persönliche Entwicklung gesehen werden. Diese ist insbesondere im beruflichen Kontext entscheidend. Wenn Sie sich als Persönlichkeit weiterentwickeln, dann können Sie sich auch im Job weiterentwickeln, ansonsten besteht die Gefahr, dass Sie auf der persönlichen Ebene und der Karriereleiter stagnieren.

Tugendhaftigkeit und Disziplin sind unerlässlich, wenn Sie beruflichen Erfolg haben wollen. Seien Sie fleißig und arbeitswillig, dabei aber auch nicht überehrgeizig. Sie sollten trotz allem auf Ihre eigenen Bedürfnisse und die Bedürfnisse Ihrer Kollegen achten. Die Stoa ist bei weitem keine Anleitung für eine *Ellenbogengesellschaft*, bei der jeder versucht, seine Konkurrenz auszustechen, sondern auch in diesem Bereich gilt es, *Maß und Mitte* zu finden, das richtige Maß an Ehrgeiz, Engagement und Zurückhaltung sowie Kollegialität. Versuchen Sie nicht, andere in Form eines Wettbewerbs auszustechen, sondern versuchen Sie, durch Ihre eigenen Qualitäten zu überzeugen.

Beispiel: Stellen Sie sich vor, es geht in einem monatlichen Meeting auf der Arbeit um die Zuteilung der anstehenden Projekte. Sie, aber auch Kollegen von Ihnen auf der Position eines Teamleiters sollen möglichst gleichberechtigte Aufgaben erhalten, insgeheim wissen jedoch alle Teamleiter, dass ein Projekt besonders begehrt ist, weil man sich mit einer erfolgreichen Durchführung profilieren kann.

Denken Sie an Ihren Zeitplan: Passt ein weiterer Schritt auf der Karriereleiter in diesen oder kommt er vielleicht sogar einen Schritt zu früh? Gehen Sie in sich und reflektieren Sie, ob Sie sich mit Ihren Fähigkeiten und Ihren Tugenden (z. B. Fleiß, Disziplin, Führungsstärke ...) gewinnbringend in dieses Projekt einbringen können. Wenn ja, sollten Sie versuchen, sich entsprechend in Position zu bringen. Doch dabei sollten Sie versuchen, nicht aufdringlich oder unkollegial zu wirken. Wir haben über Empathie gesprochen, diese wird Ihnen ermöglichen, sich in Ihre Kollegen einzufühlen, die unter Umständen

dieselbe Idee, dieselben Empfindungen haben. Auch für sie würde die Leitung dieses Projekts einen großen Schritt bedeuten, auch sie wollen also den Job, den Sie wollen.
Sie können Ihr Ziel also nur erreichen, indem Sie durch Fachkompetenz und Überzeugungskraft punkten. Sorgen Sie daher dafür, dass Sie innerlich entspannt und ruhig sind, wenn Sie in das Gespräch mit Ihrem Chef gehen. Nutzen Sie dazu Entspannungs- und Meditationstechniken und bekämpfen Sie die innere Nervosität und die Gedankenströme zum Beispiel mit der Mauseloch-Technik, der richtigen Atmung oder dem Gedanken-Stopp. Zahlreiche weitere Möglichkeiten zur Entspannung und zum Umgang mit Stress sind in den vorherigen Kapiteln dieses Ratgebers aufgeführt.

Autonomie und Vernunft sind Ihre wichtigsten Argumente. Zeigen Sie auf, dass Sie selbstständig und selbstreflektiert sind. Treten Sie Ihrem Vorgesetzten gegenüber selbstbewusst auf. Nicht er tut Ihnen einen Gefallen, indem er Ihnen das Projekt auf den Schreibtisch legt, sondern Sie tun ihm einen Gefallen, wenn Sie das Projekt annehmen, denn Sie sind der richtige Mann am richtigen Ort. Strahlen Sie dieses Selbstbewusstsein aus, es wird Ihnen gut zu Gesicht stehen. Auch einige Übungen zum selbstbewussten Auftreten, unter anderem die Wichtigkeit der Körpersprache, haben wir bereits kennengelernt.

Begreifen Sie die *Herausforderung als Chance*, sowohl für Ihre persönliche Entwicklung als auch für Ihre persönlichen Ziele. Sie werden sehen, dass Sie mit der Befolgung des stoischen Ideals ein perfektes Rüstzeug haben, um auch herausfordernde Projekte zu meistern. Wenn Sie tugendhaft und vernünftig handeln und sich im Einklang mit sich und den Menschen um Sie herum befinden, sind Sie auch als Führungskraft eine Bereicherung für Ihre Firma, aber auch für Ihre Mitarbeiter. Denn von einem angenehmen, reflektierten und dadurch klaren Führungsstil profitieren letzten Endes alle. Die klare Struktur, die dadurch vorgegeben wird, erleichtert das Arbeiten und das Miteinander.

Bleiben Sie also nicht auf der Stufe der Karriereleiter stehen, auf der Sie momentan verharren, sondern klettern Sie so hoch hinaus, wie es eines waschechten Stoikers würdig ist.

Alltag: Ihre Handlungen definieren Ihr Leben

Stichwort:

- Einklang mit uns selbst und unserer Umwelt

Bedenken Sie stets: Ihr oberstes Ziel sollte immer der *Einklang mit sich selbst und mit der Welt* um Sie herum sein. Dabei können Sie Ihr Alltagsleben selbst gestalten. Sie sind Herr Ihrer selbst, Sie sind autonom und rational und in der Lage, ein Segen für sich, aber auch für Ihre Umwelt zu sein.

- Seien Sie achtsam und freundlich. Achtsamkeit bedeutet, in sich selbst hineinzuhören, aber auch, auf andere achtzugeben. Üben Sie sich in Empathie und Mitgefühl für Ihre Mitmenschen, schenken Sie anderen auch einmal ein Lächeln oder machen Sie ein Kompliment.

- Seien Sie großzügig und hilfsbereit. Einklang mit den Mitmenschen lässt sich über kleine Gesten herstellen. Stehen Sie in der S-Bahn auf, wenn ein älterer Mensch ansonsten keinen Sitzplatz hätte, helfen Sie Ihrer Nachbarin beim Tragen einer Wasserkiste in den dritten Stock, werfen Sie einen Euro in den Becher eines Obdachlosen, wenn Sie den Euro momentan ohnehin nicht brauchen. Sie werden sehen, dass Sie häufig positive Energie zurückbekommen, wenn Sie sie selbst ausstrahlen.

- Seien Sie der Mensch, der Sie sein wollen und zu dem Sie Ihr Kind erziehen würden. Niemand ist perfekt und niemand muss so tun, als sei er es, eine Annäherung daran kann jedoch nicht schaden. Mit stoischer Tugendhaftigkeit kommen Sie dem Idealzustand in jedem Fall ein Stück näher. Im Buddhismus würde man sagen: Seien Sie ein Segen für sich selbst, um auch ein Segen für andere zu werden.

Tugendhaftigkeit, Freundlichkeit und Offenheit gegenüber Ihren Mitmenschen in Ihrer Umgebung lassen sich also einfach anwenden, durch kleine freundliche Gesten äußert sich oftmals viel mehr als durch große Taten. Achten Sie einfach darauf, wachsam und mit offenen Augen und offenem Herz durch die Welt zu gehen, und Sie werden sehen, dass Ihnen ein Vielfaches an positiver Energie wieder entgegenschlägt.

Challenge: In 28 Tagen zum Stoiker

„Fang nie an, aufzuhören –
Höre nie auf, anzufangen."
(Cicero)

EIN MONAT VOLLER ÜBUNGEN

Bei manch einem mögen vielleicht die Alarmglocken schrillen, wenn er Sätze wie „In 28 Tagen zum Stoiker" liest. Wie soll es denn auch möglich sein, eine jahrtausendealte Philosophie in weniger als einem Kalendermonat zu erlernen? Vollkommen unmöglich! Nun, wenn es Ihr Ziel ist, an einer Universität Vorlesungen zur Theorie und Geschichte des Stoizismus zu halten, mögen Sie richtig liegen. Wenn es jedoch Ihr Ziel ist, und vorerst sollte es das sein, zum Stoiker zu werden, das heißt, die Denkmuster und Handlungsweisen des Stoizismus zu durchdringen und in Ihren Alltag zu integrieren, dann sind Sie mit dieser 28-tägigen Challenge auf dem richtigen Weg.

Lassen Sie uns also gemeinsam Tag für Tag durchgehen und eine Menge hilfreicher Übungen kennenlernen, mit deren Hilfe Sie nach Ablauf der 28 Tage mit Fug und Recht behaupten können, ein Stoiker zu sein.

Tag 1: Lesen Sie den Ratgeber

Wenig überraschend lautet der erste Tipp: Lesen Sie dieses Buch aufmerksam durch. In den ersten Kapiteln lernen Sie die theoretischen und historischen Grundlagen des Stoizismus kennen und in den folgenden Kapiteln lernen Sie die Anwendung, begleitet von praktischen Beispielen. Sobald Sie den Ratgeber einmal sorgfältig durchgelesen haben, wird Ihnen vieles klarer – Sie sind auf dem besten Weg, ein echter Stoiker zu werden. In den verbleibenden 27 Tagen werden Sie das stoische Mindset Schritt für Schritt verinnerlichen.

Tag 2: Erste Selbstreflexion

Selbstreflexion ist essentiell, das haben wir bereits gelernt. Da die Stoa ein grundlegend positives Menschenbild vertritt, sollte auch Ihre erste bewusste Selbstreflexion einen positiven Grundtenor aufweisen. Fragen Sie sich daher: Welche Stärken habe ich?

Übung: Eigene Stärken reflektieren

Listen Sie dazu auf:

- Was kann ich besonders gut?
- Was macht mir am meisten Spaß?
- Wofür habe ich in der Vergangenheit Lob erhalten?
- In welchen Bereichen bin ich sichtlich besser als andere?

Reflektieren Sie umfassend, also in sämtlichen Lebensbereichen. Sie können sich sowohl auf private oder persönliche Eigenschaften beziehen („Ich kann sehr gut zuhören, ich komme gut mit Kindern zurecht“ etc.) als auch auf die Arbeit („Ich verstehe Projektzusammenhänge schneller als die meisten Kollegen“) oder auf die Beziehung („Ich nehme Rücksicht auf meine Partnerin und merke sofort, wenn es ihr nicht gut geht“). Wichtig ist zudem, zu hinterfragen, warum man diese oder jene Eigenschaft hat. Warum sind Sie schneller, empathischer oder belastbarer als andere? Gehen Sie in sich und befragen Sie sich selbst.

Die eigenen Stärken zu reflektieren, gibt Ihnen positive Motivation und bringt Sie einen Schritt weiter auf dem Weg der Selbsterkenntnis. Denn nur, wenn Sie Ihre Stärken kennen, können Sie sie richtig einsetzen.

Tag 3: 30 Minuten Sport

Kommen wir an dieser Stelle noch einmal auf das Prinzip *Gesunder Geist in gesundem Körper* zu sprechen. Wenn unser Alltag stressig ist, neigen wir dazu, uns nach Entspannung zu sehnen. Unter Entspannung verstehen viele allerdings fälschlicherweise eine Form der passiven Entspannung, bei der man auf dem Sofa sitzt und sich von TV- oder Netflix-Inhalten berieseln lässt. Diese Form der Entspannung ist jedoch nicht nachhaltig, denn sie bietet den Mehrwert lediglich in dem Moment, in dem sie praktiziert wird. Sobald Sie aufgestanden sind, ist die Ruhe verflogen.

Eine nachhaltige Methode zur aktiven Entspannung ist daher Sport. Sport kann entspannen und Energie freisetzen, zugleich ist der Effekt langanhaltend, denn der Körper – und dementsprechend auch der Geist – wird gesünder und leistungsfähiger, wenn er regelmäßig trainiert wird. Im nächsten Schritt der Challenge bauen Sie also 30 Minuten Sport, man könnte auch allgemeiner *Bewegung* sagen, in Ihren Alltag ein. Von Laufengehen bis Liegestütze ist alles möglich. Im besten Fall variieren Sie dabei ein wenig, um den gesamten Bewegungsapparat zu mobilisieren. Je nachdem, wie intensiv Sie den Sport betreiben, kann auch durchaus ein Tag Pause zwischendurch angebracht sein. Leichte Bewegungsübungen können Sie aber tatsächlich täglich einbauen, selbst wenn es nur ein kurzes Dehnen der Muskulatur ist.

Übungen: Weitere Vorschläge für Bewegungsübungen

Kniebeugen

Mit Kniebeugen können Sie Ihr Workout beginnen. Diese sind leicht in der Umsetzung und erfordern nicht viel Kraftaufwand. 10–20 Stück sind für den Beginn ideal.

Liegestütze

Auch die Liegestütze sind effektiv, denn sie fördern die Stabilität sowie die Rumpf- und Armmuskulatur. Beginnen Sie auch hier mit ca. 10–20 und erhöhen Sie die Anzahl sukzessive.

PUSH UPS

Sit-ups

Mit Sit-ups stärken Sie Ihre vordere Rumpfmuskulatur, die insbesondere bei Tätigkeiten, bei denen man viel sitzt, selten trainiert wird. Sie werden sehen, dass Ihr gesamter Rumpf sich schon bald stabiler und gesünder anfühlt. Auch hier stellen 10–20 Wiederholungen ein gutes Maß dar.

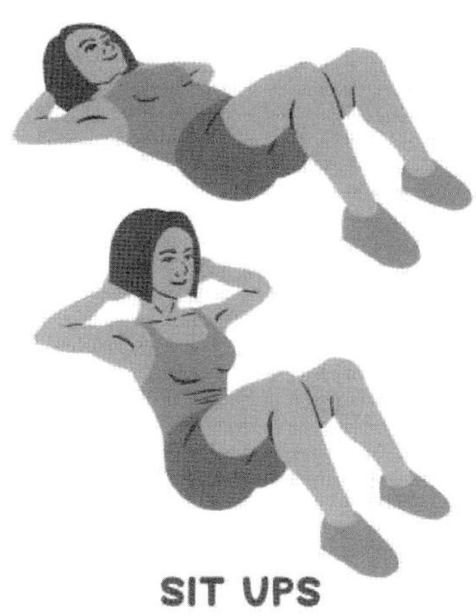

Ausfallschritte

Ausfallschritte fördern die Mobilität. Da diese Übung in die Beine geht, sollten Sie nur so viele davon machen, wie Sie können. Wichtig ist dabei, kurz stabil zu stehen, das heißt eine kurze Pause zwischen zwei Schritten einzuführen.

Planks

Bei den Planks verlagern Sie Ihr Gewicht auf die Unterarme und heben Ihren Körper nach oben. Sie sind wie eine Planke (ein Brett) in der Luft und halten Ihr Körpergewicht. Was zunächst simpel klingt, ist eine enorm fordernde und kraftintensive Übung, aus der Ihre gesamte Muskulatur gestärkt hervorgeht.

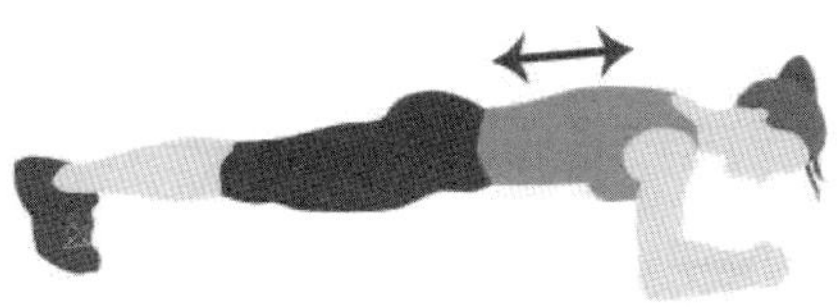

Seilspringen

Seilspringen ist effektiv und fördert die Ausdauer sowie den gesamten Bewegungsapparat. Alles, was Sie dazu brauchen, ist ein Seil.

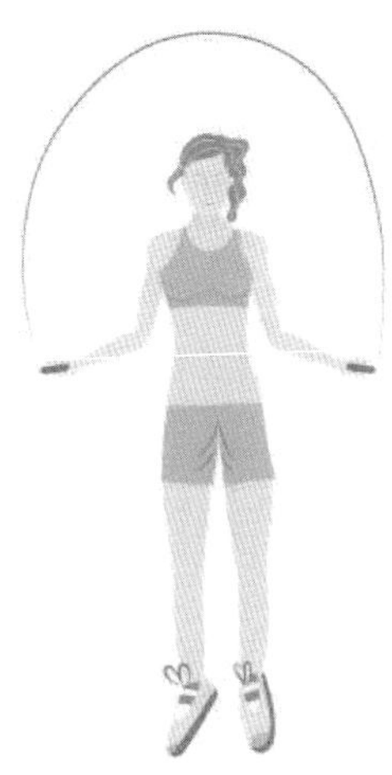

Tag 4: Zweite Selbstreflexion

Wer seine Stärken kennt, muss auch um seine Schwächen wissen. Anderenfalls blendet man einen nicht unwesentlichen Teil der eigenen Persönlichkeit aus, was einer vollumfänglichen Selbstreflexion im Wege steht. Dieselbe Übung wie für die Stärken wird nun also mit den Schwächen durchgeführt.

Übung: Eigene Schwächen reflektieren
Listen Sie dazu auf:

- Was kann ich nicht besonders gut?
- Was macht mir am wenigsten Spaß?
- Wofür habe ich in der Vergangenheit Kritik erhalten?
- In welchen Bereichen falle ich im Vergleich mit anderen ab?

Entscheidend ist auch hier die Frage nach dem Warum. Einerseits beinhaltet diese Frage die Gründe, warum man in bestimmten Dingen schlechter ist, warum Sie einem keine Freude bereiten etc. andererseits schwingt hier selbstredend immer die Frage mit, wie man sich verbessern kann. Die eigenen Schwächen zu kennen ist entscheidend, kann aber nur der erste Schritt sein, um an diesen zu arbeiten. Niemand ist perfekt, aber je weniger offensichtliche Schwächen wir haben, desto besser. Versuchen Sie daher so gut es Ihnen möglich ist, dagegenzuhalten. Packen Sie die Probleme an der Wurzel: Denken Sie an die kognitive Umstrukturierung. Wenn Ihnen etwas aus einem bestimmten Grund keinen Spaß macht, drehen Sie den Spieß um und begreifen Sie die Aufgabe als Challenge. Diese wiederum macht Ihnen Spaß und weckt den Ehrgeiz in Ihnen, sich zu verbessern.

Tag 5: Bewusster essen

Das Prinzip des gesunden Geists im gesunden Körper ist nun hinlänglich bekannt. Neben Sport und Bewegung gehört hierzu zweifelsfrei auch die Ernährung. An Tag 5 beginnen Sie damit, sich bewusster zu ernähren. Erstellen Sie eine Liste mit:

- Lebensmitteln, auf die Sie verzichten können. Dies sollten vornehmlich ungesunde, das heißt zuckerhaltige und fetthaltige Lebensmittel sein.
- Lebensmitteln, die Sie vermehrt essen wollen. Die meisten von uns essen zu wenig Obst und Gemüse. Nicht alles schmeckt dabei jedem, doch es gibt kaum einen Menschen, der keinerlei Geschmack an Obst und Gemüse findet. Listen Sie also Produkte auf, die Ihnen schmecken, und versuchen Sie, diese verstärkt zu konsumieren.

- Lebensmitteln, die Sie neu ausprobieren möchten: Es gibt jede Menge gesunde und wohlschmeckende Lebensmittel, die wir erst im Laufe der letzten Jahre im europäischen Raum zu schätzen gelernt haben. Zögern Sie nicht und probieren Sie entsprechende Lebensmittel aus. Seien Sie offen für Neues und unterstützen Sie so Ihre gesunde Ernährung.

Wichtig ist vor allem der Start in den Tag. Beginnen Sie den Tag daher unbedingt mit einem gesunden Frühstück: Essen Sie am besten Obst, gerne auch mit Naturjoghurt kombiniert. So nehmen Sie direkt am Morgen Vitamine und Eiweiß zu sich. Versuchen Sie zudem, Ihre Mahlzeiten auf drei am Tag zu reduzieren – morgens gesund und ausgewogen, mittags gesund und sättigend (die größte Portion des Tages), abends leicht und gut bekömmlich. Insbesondere abends sollten Sie schweres und schwer verdauliches Essen vermeiden. Nachts verbrennen Sie kaum Kalorien und nehmen daher leichter zu. Außerdem schlafen Sie schlechter ein und durch, wenn Ihr Magen größere Mengen an Kalorien verdauen muss.

Wenn Sie zudem Snacks zwischendurch konsumieren, achten Sie darauf, dass es sich um gesunde Snacks handelt. Anstatt des Schokoriegels oder der Packung Chips können Sie zum Beispiel einen Apfel, Gemüsesticks oder eine Portion Nüsse essen. Diese enthalten gesunde Fette und fördern die Konzentrationsfähigkeit. Auch Avocados sättigen beispielsweise und enthalten dabei gute Fette und Vitamine.

Eine bewusste Ernährung fördert Konzentration und Leistungsfähigkeit. Für die restlichen Tage der Challenge, aber im besten Fall auch darüber hinaus, sollten Sie also einen möglichst gesunden Ernährungsstil leben und beibehalten.

Tag 6: Dritte Selbstreflexion

Sie haben die ersten beiden Runden der Selbstreflexion bereits durchlaufen. Sie kennen nun Ihre Stärken und Schwächen; im dritten Schritt sollen Sie nun ein *Zukunftsszenario* entwickeln. Die Fragen, die Sie sich nun stellen, lauten:

- Wo sehe ich mich selbst in 10 Jahren?
- Wo möchte ich leben und wie kann ich dieses Ziel erreichen?
- Wie sieht es beruflich aus? Arbeite ich in Vollzeit oder in Teilzeit, im Büro oder am anderen Ende der Welt mit einem Laptop auf dem Schoß?
- Habe ich Kinder, bin ich verheiratet oder alleinstehend?

Wie immer werden auch diese Fragen entscheidend begleitet von der Frage nach dem Weg dorthin – wenn ich ein bestimmtes Ziel habe, muss ich immer auch definieren, wie ich dorthin gelangen will. Beachten Sie dabei unbedingt die Unterscheidung zwischen dem, was in Ihrem Einflussbereich liegt, und dem, was außerhalb dessen liegt.

Tag 7: Achtsamkeitsübungen für den Alltag

Das Schlagwort der Achtsamkeit ist uns nun schon des Öfteren begegnet. Am siebten Tag der Challenge sollten Sie daher die drei folgenden Achtsamkeitsübungen integrieren:

Übungen: Achtsamkeit im Alltag

Die Ganz-Körper-Übung:

Gehen Sie in einem ruhigen Moment Ihren gesamten Körper systematisch von oben nach unten durch. Beginnen Sie beim Kopf und enden Sie bei den Füßen. Gibt es irgendwo Verspannungen? Fühlen Sie sich irgendwo unwohl? Wenn ja, versuchen Sie, die Stelle bewusst durch Atmung und Muskelentspannung zu lockern (siehe: Body-Scan).

Die Sinnes-Übung:

Achtsamkeit bedeutet auch, mit sämtlichen Sinnen im Hier und Jetzt zu sein. Nehmen Sie daher Ihre Umgebung bewusst mit allen Sinnen wahr: Was riechen Sie, was fühlen Sie, was schmecken Sie usw.? Sinn und Zweck der Übung ist es, die Umwelt bewusster wahrzunehmen.

Die Ursache-Wirkung-Übung:

Vieles in unserem Leben spielt sich auf der Ebene der Kausalität, also der Abfolge von Ereignissen und den dazugehörigen Zuständen, ab. Auch wenn es so etwas wie „Zufälle“ geben mag oder wir uns manche Ereignisse nicht erklären können, so folgt doch das meiste in unserem Leben dem simplen Prinzip von Ursache und Wirkung: „Ich bin heute gestresst, weil ich zu spät aus dem Haus gegangen bin, den Bus verpasst habe und rennen musste, um pünktlich zur Arbeit zu kommen.“ Gliedern Sie Ihren gesamten Tag und alle Ereignisse in das Ursache-Wirkungs-Prinzip auf und werden Sie sich auf diese Weise den Kausalitäten in Ihrem Alltag bewusster.

Tag 8: Intensive Meditation

Ebenfalls regelmäßig sollte Meditation Teil Ihres Alltags werden.

Übung: Intensive Meditation

Setzen Sie sich in einer bequemen und aufrechten Haltung (gerader Rücken) auf den Boden oder auf eine Matte (der Untergrund sollte nicht zu weich sein, da dies die gerade Haltung erschwert) und schließen Sie die Augen. Blenden Sie alle Geräusche um sich herum aus und konzentrieren Sie sich ganz auf sich selbst. Konzentrieren Sie sich auf Ihre Atmung und atmen Sie bewusst tief ein und aus. Spüren Sie, wie Ihr Körper den Sauerstoff aufnimmt und wieder abgibt. Sie sind ruhig und konzentriert.

Konzentrieren Sie sich auf nichts anderes als den Moment. Sie sind im Hier und Jetzt, nichts ist um Sie herum und nichts kann Sie ablenken. Beobachten Sie Ihre eigenen Gedanken und Gefühle – verharren Sie für mindestens 10 Minuten in diesem Zustand. Blenden Sie im zweiten Schritt Ihre Gedanken aus, trennen Sie diese von sich ab und werden Sie schwerelos durch das Gefühl der Gedankenlosigkeit. Erst nach einer längeren Zeit nehmen Sie Ihre Gedanken und Gefühle wieder an und verschmelzen langsam wieder mit ihnen. Sie öffnen die Augen und sind wieder in Ihren vier Wänden.

Tag 9: Tagebuch

Sie haben nun sieben Tage voller anregender Übungen hinter sich, die Sie Ihrem Ziel, ein Stoiker zu werden, Schritt für Schritt nähergebracht haben. Halten Sie nach der ersten Woche also kurz inne und notieren Sie, welche Übungen Sie als besonders hilfreich erachtet haben. Wo hatten Sie das Gefühl, einen echten Mehrwert generieren zu können? Notieren Sie auch auf der anderen Seite kurz, welche Übungen Sie als weniger effektiv erachtet haben, wo gab es eventuell Schwierigkeiten oder Probleme bei der Umsetzung? Auch das Tagebuch ist wiederum ein Teil auf dem Weg zur vollständigen Selbstreflexion und hilft Ihnen auf Ihrem weiteren Weg.

Tag 10: Tipps gegen das ständige Aufschieben

Jeder von uns kennt das Gefühl, dass wir eine Aufgabe partout nicht erledigen wollen. Wir haben keine Lust oder fühlen uns der Aufgabe nicht gewachsen. Deshalb lassen wir die Aufgabe liegen und schieben sie auf einen späteren Zeitpunkt – wir *prokrastinieren*. Der Witz dabei ist: Die Aufgabe wird dadurch nicht angenehmer. Im Gegenteil, dadurch, dass wir sie ständig im Hinterkopf haben, lähmt und blockiert sie noch zusätzlich unsere Gedanken.

Daher lautet die Übung an Tag 10: Erledigen Sie eine unliebsame Aufgabe, die Sie schon lange vor sich herschieben. Egal, was es ist, egal, wie viel oder wenig Lust sie haben, erledigen Sie die Aufgabe und Sie werden sehen, dass Sie sich im Anschluss daran bereits viel besser fühlen, egal, ob es nun der endlich aufgeräumte Keller, die Steuererklärung oder der Reifenwechsel ist – erledigt ist erledigt und in jedem Fall besser als aufgeschoben.

Übung: Tipps gegen das Prokrastinieren:

Belohnen Sie sich für die Erledigung unliebsamer Aufgaben:

Negative Aufgaben können mit positiven Anreizen verbunden werden. Belohnen Sie sich, wenn Sie die Kraft und Energie dazu aufgebracht haben, eine unliebsame Aufgabe zu erledigen. Gönnen Sie sich zum Beispiel ein Stück Schokolade, einen Besuch in der Therme oder einen gemütlichen, faulen Abend zusammen mit Ihrem Partner auf dem Sofa. All das sollte die Ausnahme bleiben, wenn Sie jedoch tatsächlich einen gewichtigen Tagesordnungspunkt erledigt haben, den Sie zuvor vor sich herschoben, dürfen Sie sich ausnahmsweise auch etwas an sich Ungesundes gönnen. Mit der Belohnung vor Augen wird Ihnen die Erledigung der Aufgabe wesentlich leichter fallen.

Das Schlimmste zuerst:

Fangen Sie mit der unliebsamsten Aufgabe an. Das, was Sie normalerweise herauszögern würden, erledigen Sie einfach sofort und haben es hinter sich. Je weniger Zeit man hat, über die negativen Aspekte der anstehenden Aufgabe nachzudenken, desto leichter fällt sie. Durch das Aufschieben erhält sie nur noch mehr Gewicht, weshalb Sie die unliebsamste Aufgabe immer direkt von Ihrem Schreibtisch herunterbekommen sollten.

Delegieren statt Prokrastinieren:
Insbesondere perfektionistisch veranlagte Menschen neigen dazu, nichts von ihrer Arbeit abgeben zu wollen. Auch die unliebsamen Aufgaben oder die, von denen man weiß, dass man sie nicht zur vollumfänglichen Zufriedenheit ausführen kann, bleiben also bei einem selbst. Anstatt diese Aufgaben zu behalten, dann aber ständig aufzuschieben, ist es besser, zu delegieren, also die Aufgabe einem anderen Kollegen zu überlassen, der mit ihr besser zurechtkommt. Geben Sie sich einen Ruck, überwinden Sie sich und lassen Sie die Arbeit ein Stück weit los; auf diese Weise wird sie fristgerecht erledigt und Sie werden bei Ihren anderen Aufgaben nicht von einem unterschwellig schlechten Gewissen belastet.

Tag 11: Kleine Lektürepause

Nach 10 anstrengenden Tagen voller Challenges sei Ihnen eine kleine Pause gegönnt. Doch auch Pausenzeiten können sinnvoll genutzt werden und müssen nicht durch Konsum von Fernsehsendungen, Streaming-Serien oder ähnlichen Zeitdieben gefüllt werden. Lesen Sie stattdessen ein wenig Literatur zum Thema Stoizismus. Besonders empfohlen seien Ihnen, selbstredend neben diesem Ratgeber, die Selbstbetrachtungen von Marc Aurel. Das Buch können Sie in jeder Buchhandlung erwerben oder bestellen und in Auszügen sogar online lesen. Es bietet Ihnen einen guten ersten Einblick und vor allem authentische Aufzeichnungen eines echten Stoikers und ist damit auch heute noch lesenswert. Nehmen Sie sich mindestens eine Stunde Zeit und lesen Sie in den Selbstbetrachtungen.

Tag 12: Mit einem Fremden sprechen

Der US-amerikanische Bestseller-Autor Paul Auster publizierte eine Sammlung von Essays, Notizen und kleinen Begebenheiten, die er im Laufe seines Lebens in New York und Paris erlebt hatte, unter dem Titel *„Mit Fremden sprechen"*. Lange erschließt sich dem Leser nicht, inwiefern sich der Titel auf den Inhalt bezieht, besteht dieser doch aus vielen verschiedenen Themen, die nicht unbedingt mit Fremden zusammenhängen. Doch dann, etwa in der Mitte des Buches, taucht der Satz auf – als Ratschlag an den Leser, fast beiläufig, läse man unkonzentriert, könnte man ihn fast übersehen. Dennoch scheint der Ratschlag, man solle mit einem Fremden sprechen, für Auster derart essentiell gewesen zu sein, dass er nach diesem Satz sein gesamtes Buch benannte.

Mit einem Fremden zu sprechen, fördert die Empathie und die Offenheit gegenüber der Welt, die uns umgibt. Gehen Sie daher bewusst auf einen Fremden zu und suchen Sie das Gespräch. Auch hierbei ist selbstredend Fingerspitzengefühl gefragt, Sie sollten niemanden stören; auch wenn Sie das Gefühl haben, dass Ihrem Gegenüber das Gespräch unangenehm ist, sollten Sie lieber davon ablassen. Ergibt sich aber eine Situation im Zug, im Fitnessstudio, beim Bäcker oder an sonst irgendeinem Ort, den Sie im Laufe des Tages besuchen, nehmen Sie sie wahr. Es muss sich um kein tiefgreifendes philosophisches Gespräch über die Ethik der Stoa handeln, doch zumindest ein paar Sätze sollten Sie miteinander wechseln.

Gerade in großen Städten wie eben Paris oder New York, in denen Paul Auster lebte, hat man sich verstärkt an die Anonymität gewöhnt. Brechen Sie daher aus der Komfortzone aus und wagen Sie mutig das Gespräch mit einem oder einer Fremden.

Tag 13: Positives Denken trainieren

Um mit sich und seinem Umfeld im Reinen zu sein, bedarf es einer positiven Grundeinstellung. Ihre Herangehensweise an alltägliche Situationen sollte also von einem gewissen Optimismus geprägt sein. *Positives Denken* lautet hier das Stichwort.

Übungen: Positive Gedanken

Lächeln:

Dieser Ratschlag mag vielleicht albern auf Sie wirken, doch er ist enorm effektiv. Auch hier steht der Zusammenhang zwischen Körper und Geist im Mittelpunkt. Man spricht zudem von Autosuggestion: Wenn ich mir einrede, dass ich glücklich und zufrieden bin, dann werde ich es auf lange Sicht auch. Dieser Trick funktioniert jedoch nicht nur durch das konsequente Einreden, also das Vortäuschen von Gedanken, sondern auch durch die körperliche Funktion. Wenn Sie lange genug Lächeln, werden Sie sich automatisch glücklicher fühlen – probieren Sie es aus!

Lassen Sie sich nicht die Laune verderben:

Es gibt Menschen, die dazu neigen, alles grundsätzlich negativ zu beurteilen. Vielleicht kennen Sie solche Miesepeter in Ihrem Umfeld auch: Egal, was passiert, es wird immer die schlechte Seite hervorgehoben. Die Sonne scheint, aber es ist zu warm und außerdem ist die Hitze nicht gut für die Natur; es regnet – das ist nervig, es wäre doch viel schöner, wenn die Sonne scheint. Wichtig ist, dass Sie sich von solchen Miesmachern in Ihrem Umfeld zumindest emotional lösen. Lassen Sie sich nicht von der schlechten Laune anderer Menschen anstecken, sondern behalten Sie Ihre Positivität bei und sehen Sie stets das Gute.

Umgehen Sie Vergleiche:

Versuchen Sie, sich möglichst wenig mit anderen zu vergleichen. Sie werden bei vielen Menschen Dinge finden, die Sie nicht haben und die vermeintlich besser sind. Doch andere haben dafür auch andere Probleme. Der Nachbar hat vielleicht das schönere Auto oder den besser gemähten Rasen; dafür ist seine Beziehung nicht ansatzweise so harmonisch wie Ihre. Vergleiche führen nicht zum Ziel und haben daher keinen Mehrwert für Sie. Versuchen Sie daher, sich so wenig wie möglich mit anderen zu vergleichen, sondern seien Sie dankbar für das, was Sie haben.

Tag 14: Tun Sie nichts!

Damit ist nicht gemeint, dass Sie keine Übung ausführen sollen, sondern das Nichtstun an sich ist die Übung. Bewusst nichts zu tun, führt zu Entspannung und innerer Ruhe. Nichtstun heißt, sich nichts vorzunehmen. Legen Sie sich auf diesen Tag keine privaten Termine, zwingen Sie sich zu nichts und lassen Sie mobile Geräte nach Möglichkeit ausgeschaltet. Selbst kleinere Aufgaben im Haushalt, wie zum Beispiel Kochen, sollten Sie an diesem Tag anderen überlassen. Entweder Sie leben mit jemandem zusammen und einigen sich für diesen Tag, dass der andere die Aufgaben übernimmt, oder aber Sie beanspruchen einen Lieferdienst. Durch das Nichtstun fangen wir automatisch an, nachzudenken und unsere Gedanken zu sortieren. Genau diesen Prozess soll das bewusste Nichtstun anregen. Am besten eignet sich natürlich ein Sonntag oder ein freier Tag für diese Challenge. Sollten Sie familiäre Verpflichtungen haben, also zum Beispiel ein kleines Kind, nehmen Sie sich zumindest ein paar Stunden des Nichtstuns, wenn ein ganzer Tag schon nicht möglich ist.

Übung: Nichtstun

Es klingt paradox, dass man das Nichtstun üben soll, doch genau das kann man tun und muss es vermutlich auch, denn die wenigsten von uns sind es gewohnt, *nichts* zu tun. Legt man den Begriff auf die Goldwaage, ist es selbstredend auch unmöglich, schließlich müssen wir alle zumindest atmen, sitzen, liegen oder stehen etc. Es geht beim Einüben des Nichtstuns hier allerdings um die Abwesenheit von Verpflichtungen und aktiven Tätigkeiten.

Die Übung lautet daher: *Seien Sie passiv*! Denken Sie nicht aktiv über einen konkreten Sachverhalt nach, arbeiten Sie auf kein konkretes Ziel hin und erlegen Sie sich keine Aufgaben auf. Erinnern Sie sich an die Mauseloch-Technik; dort ging es um das passive Beobachten der eigenen Gedanken – genau diese wenden Sie auch jetzt an: Beobachten Sie Ihre Gedanken, nehmen Sie alles um sich herum auf, zunächst ohne es zu hinterfragen. Sie werden sehen, dass Ihnen diese Form der Passivität guttun wird und dabei hilft, zu entspannen.

Tag 15: Tagebuch

Und wieder wird es Zeit für einen kleinen Zwischenstopp. Wieder sollten Sie die Ereignisse der vergangenen Woche reflektieren und überlegen, wo die Schwierigkeiten waren, was gut und was weniger gut gelaufen ist. Notieren Sie auch diese Reflexionen und gleichen Sie sie mit den Notizen nach der ersten Woche ab. Hat sich etwas verändert? Fällt Ihnen beispielsweise das Entspannen leichter? Oder sind bis dato unbekannte Probleme aufgetreten? Investieren Sie Zeit in den Abgleich, dieser kann entscheidend für die nächste Woche sein.

Tag 16: Machen Sie jemandem ein Kompliment

Wer positive Signale aussendet, erhält auch positive Signale zurück. Wenn Sie jemandem ein Kompliment machen, strahlen Sie damit positive Energie aus, derjenige, der es erhält, fühlt sich besser und selbstsicherer. Sie können sicher sein, dass diese positive Energie auf irgendeinem Wege wieder zu Ihnen reflektiert wird; sei es durch die Person, die das Kompliment erhalten hat, oder durch eine andere Person. Doch ob Sie es als Energiefeld, Karma oder auf eine andere Art und Weise beschreiben wollen – Studien belegen, dass Menschen, die anderen positiv begegnen, selbst positiver wahrgenommen werden. Sie tun also einem anderen Menschen und sich selbst etwas Gutes, wenn Sie einem Ihnen bekannten oder, wenn Sie sich trauen, einem Ihnen unbekannten Menschen ein Kompliment aussprechen.

Übung: Kompliment

Manchen Menschen fällt es schwer, Komplimente zu machen, sie fühlen sich unsicher oder unwohl damit, einen Menschen auf einen positiven Aspekt seiner Person, seines Körpers oder auch nur seines Kleidungsstils anzusprechen. Oberflächliche Komplimente („Du hast eine schöne Sonnenbrille") fallen meist leichter als persönliche („Ich mag deine ausgeglichene Art"). Es gilt vor allen Dingen, das richtige Maß zu finden, die Komplimente sollen schließlich nicht erzwungen werden, sondern von Herzen kommen. Beachten Sie daher folgende zwei Punkte:

Zielperson:

Je nachdem, wen Sie adressieren, kann die Art des Kompliments sehr unterschiedlich sein, Ihrer Lebenspartnerin können Sie ohne Probleme ein persönliches Kompliment machen, Sie sollten es sogar. Bei einem Kollegen / einer Kollegin sollten Sie vielleicht erst einmal mit einem formalen Kompliment beginnen: „Sie machen einen tollen Job." Dieses Kompliment ist angemessen, nicht zu persönlich und wird die Zielperson freuen; denn niemand zwingt Sie dazu, dieses Kompliment zu machen, man merkt also, dass es von Herzen kommt. Ihrer Partnerin hingegen sollten Sie kein Kompliment wie „Es ist toll, wie du den Haushalt machst" zukommen lassen. Hier ist eher die formale Ebene unangebracht, denn wenn man eine Person liebt, sollten sich Komplimente auch auf ihre Persönlichkeit beziehen.

Kontext:
Beachten Sie unbedingt die Situation. Ein und dasselbe Kompliment kann in verschiedenen Kontexten völlig anders wahrgenommen werden. Wenn Sie der angesprochenen Kollegin das Kompliment zu ihrer Arbeitsweise im Rahmen eines Feedbackgesprächs oder auch bei einer Unterhaltung am Kaffeeautomaten machen, wird sie dieses als unverfänglich und freundlich wahrnehmen. Stehen Sie zu zweit im engen Aufzug Ihres Bürogebäudes und versuchen, möglichst Blickkontakt zu vermeiden, wird das Kompliment als unpassend oder übergriffig wahrgenommen – schlicht deshalb, weil der Kontext nicht passt. Achten Sie also auf die Situation und nehmen Sie die Schwingungen wahr. Empathie spielt dabei eine große Rolle, diese haben wir bereits an mehreren Stellen eingeübt.

Tag 17: Selbstdisziplinierung

Es gibt schönere Themen, sicherlich. Doch um ein echter Stoiker zu werden, müssen Sie die Selbstdisziplin und die Selbstbeherrschung lernen. Führen Sie daher folgende Übung durch:

Übung: Selbstkontrolle

Oftmals geben wir mehrfach am Tag unseren Wünschen und Bedürfnissen nach, ohne es explizit zu merken. Das beginnt bei banalen Dingen. Wir haben ein leichtes Hungergefühl, also beißen wir in einen Schokoriegel. Wir verspüren den Drang, eine Zigarette zu rauchen, also tun wir es. Ziel dieser Übung ist es, nicht auf ein bestimmtes Bedürfnis einzugehen, obwohl man es verspürt.

Geben Sie also an diesem Tag dreimal bewusst einem Impuls nicht nach. Sie haben Hunger? Essen Sie dennoch nicht direkt etwas. Warten Sie noch 1–2 Stunden ab, bevor Sie ein echtes Hungergefühl empfinden und nicht bloß Appetit. Sie möchten gerne rauchen? Warten Sie noch ein wenig ab und geben Sie nicht dem ersten Impuls nach. Sie würden gerne mit einem Arbeitskollegen einen privaten Plausch halten? Erst einmal sollten Sie die restlichen E-Mails bearbeiten ...

Es ist entscheidend, dass Sie die Entscheidung, nicht nachzugeben, *bewusst* treffen. Es handelt sich bei dieser Übung nicht um bloßes Unterlassen, sondern um ein bewusstes Nicht-Tun. Machen Sie sich daher auch den Grund bewusst, warum Sie darauf verzichten, Ihrem Impuls zu folgen.

Tag 18: Seien Sie kreativ

Für das Erlangen innerer Erkenntnis und Weisheit kann Kreativität ein wichtiger Faktor sein. Auch wenn Sie sich unter Umständen eher als rationaler Mensch begreifen, der wenig Hang zur Kreativität hat – auf irgendeine Art und Weise kann jeder von uns kreativ sein.

Denken Sie sich eine Geschichte aus oder schreiben Sie ein Gedicht, zeichnen oder malen Sie etwas, singen oder tanzen Sie oder besuchen Sie ein Museum und beschäftigen Sie sich eingehend mit den dort ausgestellten Kunstwerken. Lassen Sie kreative Inhalte auf sich wirken und lassen Sie sich so inspirieren, selbst etwas Kreatives zu tun.

Es kommt dabei nicht auf die Qualität an, niemand erwartet nobelpreisverdächtige Literatur oder Gemälde im Stile Picassos von Ihnen. Das einzig Wichtige ist der kreative Prozess, den Sie durchleben und der Sie zur Reflexion und zum Erkenntnisgewinn anregt.

Tag 19: Lektürepause

Nach den letzten Tagen sind Sie nun voller positiver Energie und strotzen nur so vor Kreativität. Daher empfiehlt es sich, ein wenig herunterzufahren, ohne geistig abzuschalten. Legen Sie daher erneut eine Lesepause ein, dieses Mal muss es kein Werk zum Thema Stoizismus sein. Vielmehr sollten Sie sich dieses Mal ein Buch aussuchen, das Sie wirklich interessiert und das Sie schon immer einmal lesen wollten. Alternativ können Sie auch Ihr Lieblingsbuch aus dem Schrank holen, von dem Sie wissen, dass es Sie zum Nachdenken anregt oder Ihnen vielleicht einfach gute Laune bereitet. Dieser Tag steht unter dem Motto: *Lesen nach Herzenslust.*

Tag 20: Aus der Komfortzone heraustreten

Um die Komfortzone zu verlassen, können Sie sich bewusst in herausfordernde Situationen begeben, deren Ausgang Sie noch nicht kennen. Praktizieren Sie folgende Übung für diesen Tag:

Übung: Ein Tag wider die Konvention

Jeder Mensch braucht Routinen. Ohne ein situatives Gedächtnis wären wir im Alltag gnadenlos überfordert. Wir erinnern uns daran, wie es ist, mit dem Bus zu fahren, an der Supermarktkasse zu bezahlen oder unseren Rechner hochzufahren. Wäre das nicht so, kämen wir im Alltag kaum zurecht. Daher sind eingeübte Routinen nichts Schlimmes. Zum Problem werden sie nur, wenn sie die geistige Flexibilität einschränken und uns so alternative Gedanken und Lösungen verbauen.

In dieser Übung machen Sie daher einen Tag lang alles anders als gewohnt. Sie frühstücken erst und gehen dann ins Bad? Heute machen Sie es andersherum. Sie haben es morgens gerne ruhig? Drehen Sie das Radio laut auf. Sie fahren mit dem Auto zur Arbeit? Heute nehmen Sie den Zug. Sie trinken morgens im Büro immer Kaffee? Heute lassen sie ihn weg usw.

Mit dieser Übung lernen Sie, Ihre Komfortzone zu verlassen. Sie werden feststellen, dass es nicht schlimm ist, mit Routinen zu brechen. Die meisten Routinen sind eingeübt und daher schlicht komfortabler für Sie, doch die Alternative kann genauso gut oder sogar besser sein. Nur durch Ausprobieren erweitern Sie Ihren Horizont, daher ist diese Übung sinnvoll und hilfreich.

Tag 21: Werden Sie kreativ 2.0 – denken Sie sich etwas aus

Da wir Ihre Kreativität nun ausreichend gefördert haben, sind Sie bereit für den Blankoscheck. Am 21. Tag der Challenge dürfen Sie sich aussuchen, welche Übung Sie für sinnvoll erachten. Es geht dabei nicht unbedingt um etwas, auf das Sie Lust haben, sondern vielmehr um eine Übung, die nach allem, was Sie über die Stoa gelernt haben, sinnvoll und zielführend erscheint.

- In welchem Bereich könnten Sie sich noch verbessern?
- Welche Übung sollten Sie unter Umständen wiederholen, da sich der gewünschte Effekt noch nicht eingestellt hat?
- Welche Übung wurde bislang außer Acht gelassen?
- Von welcher Übung haben Sie gehört / gelesen, die hier noch nicht expliziert wurde?

Lassen Sie Ihrer Kreativität freien Lauf; wenn Sie möchten, können Sie auch eigene Übungen kreieren. Lassen Sie sich etwas einfallen, um zu einem reflektierten und gelassenen Stoiker zu werden.

Tag 22: Tagebuch

Sie kennen das Spiel bereits. Notieren Sie auch den Verlauf der dritten Woche in Ihrem Tagebuch und reflektieren Sie dabei positive und negative Erfahrungen.

Tag 23: Dankbarkeitstagebuch

Wenn Sie schon beim Themenbereich Reflexion und beim Führen eines Tagebuchs angekommen sind, sollten Sie dieses weiterführen beziehungsweise spezifizieren. Wir hatten bereits über das Dankbarkeitstagebuch gesprochen, weshalb Sinn und Zweck hier nicht mehr erläutert werden müssen.

Übung: Dankbarkeitstagebuch

Beziehen Sie sich bei Ihren Einträgen explizit auf die Tage seit dem Beginn der Challenge. Stellen Sie die positiven Aspekte der vergangenen Tage hervor: Was lief gut? Welche positiven Erfahrungen haben Sie gemacht? Welche angenehmen sozialen Begegnungen haben Ihren Tag bereichert? *Wofür sind Sie dankbar?* etc.

Beziehen Sie sich auch auf neue Erkenntnisse und Erfahrungen, die Sie in dieser Zeit gemacht haben. Stellen Sie besonders die Bereicherung hervor, die Ihnen die Stoiker-Challenge geboten hat. Auf diese Weise reflektieren Sie das Vergangene und motivieren sich für die letzten Tage der Challenge.

Tag 24: Offenheit und Toleranz

Wir haben bereits gelernt, dass Offenheit und Toleranz gegenüber den Mitmenschen für die Stoa zwei der höchsten Güter darstellen. Gefühlt wird es jedoch immer schwerer, eine tolerante Haltung zu entwickeln – in heutigen Diskursen werden Meinungen schnell verurteilt und kategorisiert, man neigt dazu, Menschen aus dem Diskurs auszuschließen, weil sie eine vermeintlich unsinnige Position vertreten oder eine Ansicht äußern, die als gesellschaftlich nicht opportun erachtet wird. Gerade hierin liegt jedoch ein großer Fehler. Durch Stigmatisierung und Ausgrenzung kann kein Diskurs entstehen. Wer mit Offenheit und Toleranz durchs Leben geht, akzeptiert konträre Meinungen, denn nicht umsonst kommt das Wort Toleranz vom lateinischen *tolerare*, was nichts anderes bedeutet als *aushalten*.

Übung: Gelebte Toleranz – die Gegenposition

Bei dieser Übung diskutieren Sie entweder mit sich selbst oder mit einer Ihnen nahestehenden Person, mit der Sie ein solches Gedankenexperiment wagen können. Diskutieren Sie über verschiedene Themen, zu denen Sie eine Ansicht haben, und vertreten Sie immer exakt die Gegenposition dessen, was Sie eigentlich denken oder fühlen.

Wenn Sie der Meinung sind, dass man zur Lenkung der Wirtschaft einen schlanken Staat und einen freien Markt braucht, argumentieren Sie heute aus einer marxistischen Perspektive heraus; wenn Sie gegen das Gendern sind, vertreten Sie heute konsequent die Position dafür und praktizieren Sie es am besten auch in jedem Satz; wenn Sie der Meinung sind, dass Fußballprofis zu viel Geld verdienen, suchen Sie eine Rechtfertigung dafür, warum sie das Geld verdient haben etc.

Ziel der Übung ist es nicht, dass Sie sich die Positionen dauerhaft zu eigen machen, vielmehr sollen Sie hier zum Nachdenken und Reflektieren angeregt werden. Erkennen Sie, dass die Gegenseite ebenfalls valide Argumente vorbringen kann, und versetzen Sie sich in deren Argumentationsposition hinein. Auf diese dialektische Art und Weise lernen Sie, andere Meinungen eher zu akzeptieren und dadurch toleranter zu werden.

Tag 25: Ein Tag in der Natur

Diese Challenge bietet sich insbesondere für einen freien Tag an. Versuchen Sie, einen Tag oder zumindest ein paar Stunden am Stück in der Natur zu verbringen. Häufig verlieren wir in unserem Alltag den Bezug zur Natur und sind umgeben von Beton und Asphalt. Doch die Farbe Grün beruhigt nachweislich unser Nervensystem – außerdem ist die Luft in der Natur besser als in der Stadt, das heißt, die unberührte Landschaft bietet sich fantastisch für die Atem- und Entspannungsübungen an, die wir in diesem Buch bereits kennengelernt haben. Ob mit einer größeren Gruppe oder auch alleine – mit einem Ausflug in die Natur machen Sie unter keinen Umständen etwas falsch.

Zudem fördert die Natur das Verständnis dafür, dass auch wir „nur" ein Teil von ihr sind. Der Mensch ist nicht per se besser als die Natur, die ihn umgibt, denn ohne diese kann er nicht leben. Die Stoiker lehrten uns, dass der Mensch im Einklang mit sich und der Welt um ihn herum stehen muss. Eine Verbundenheit zur Natur herzustellen ist also im Sinne der Stoa eine herausragende Idee.

Tag 26: Belohnen Sie sich

Sie haben nun einige anstrengende Tage hinter sich, die Sie dennoch weitergebracht haben und an denen Sie dem stoischen Ideal und damit letztlich auch der idealen Version Ihrer selbst am nächsten gekommen sind. Nachdem unter anderem auch Verzicht und Selbstdisziplinierung Teil Ihres Weges waren, dürfen Sie sich am heutigen Tage etwas gönnen. Belohnen Sie sich mit einer Kleinigkeit, es muss keine ausufernde Belohnung sein, ein kleines Stück Schokolade oder ein Kinobesuch, ein Wellness-Abend oder ein gemeinsames Essen mit dem Partner oder der Partnerin. Derartige kleine Belohnungen erhalten die Motivation aufrecht und machen Ihnen deutlich, dass Sie sich auf dem richtigen Weg befinden. Noch zwei Tage, dann sind Sie endgültig im Kreise der Stoiker angekommen!

Übung: Sich selbst belohnen

Auch sich selbst zu belohnen, will geübt sein. Überlegen Sie hierzu, welches Bedürfnis Sie schon seit längerer Zeit verspüren, welchen Konsum Sie beispielsweise im Rahmen der Challenge zurückgehalten haben. Nun sagen Sie sich bewusst: *„Ich möchte ... Deshalb werde ich es jetzt bewusst genießen."* Diese Bewusstmachung ist entscheidend, denn im Gegensatz zum blinden und unbemerkten Konsum treffen Sie hier bewusst eine Entscheidung, ausnahmsweise ein Bedürfnis vollumfänglich zu befriedigen. Die Belohnung erfolgt also auf einer bewussten und reflektierten Ebene.

Tag 27: Fazit

Notieren Sie, was Ihnen in den vergangenen 26 Tagen besonders gutgetan hat. Welche Übungen waren für Sie ...

- ... die drei effektivsten,
- ... die drei am wenigsten effektiven,
- ... die drei angenehmsten,
- ... die drei schwierigsten?

Beibehalten sollten Sie natürlich vor allem die Übungen, die Sie als besonders effektiv und auch angenehm wahrgenommen haben. Schließlich müssen Sie sich wohlfühlen. Machen Sie die besten / effektivsten Übungen zu einem festen Bestandteil Ihres Alltags. Wenn Sie zurückblicken, werden Sie feststellen, dass keine dieser Übungen mehr als 30 Minuten täglich in Anspruch nimmt. Addiert man alleine die Zeit, die Sie beispielsweise auf Social Media verbringen, werden Sie auf weit über eine Stunde kommen. Eine bis eineinhalb Stunden pro Tag zu investieren, um ein echter Stoiker zu werden, klingt also nach einem guten Deal, oder?

Tag 28: Genießen Sie Ihren Triumph

Glückwunsch! Sie sind nun zum Stoiker geworden. Sie haben die vergangenen 27 Tage dazu genutzt, um ein besserer Mensch zu werden. Besser bedeutet in diesem Fall, dass Sie sich wieder stärker im Einklang mit sich selbst und den Menschen um sich herum befinden, dass Sie vermehrt dazu in der Lage sind, Selbstreflexion zu betreiben, wie einst schon Marc Aurel in seinen Selbstbetrachtungen. Es bedeutet, dass Sie gelassener sind, in sich ruhen und damit auch ein Segen für Ihre Mitmenschen sein können. Durch Ihre empathische Art können Sie Ihr Potenzial voll ausschöpfen und nicht nur für sich selbst eine höhere Erkenntnis erlangen, sondern auch anderen dabei helfen, reflektiertere und bessere Menschen zu werden. Also – nutzen Sie Ihr Potenzial als frisch gebackener Stoiker und gehen Sie mit neuen Erkenntnissen und offenem Herzen durch die Welt.

Schlusswort

Wir sind nun am Ende unserer Reise in die Welt des Stoizismus angelangt. Sie haben zunächst die Geschichte sowie die großen Vordenker dieser Philosophie kennengelernt, um anschließend die Grundsätze der Stoa und des Stoizismus zu ergründen. Schließlich haben Sie in den folgenden Kapiteln gelernt, die Ideen der Stoiker auf Ihren Alltag zu übertragen. Wir haben über Techniken und Tricks gesprochen, wie auch Sie in der rasanten und dynamischen Welt des 21. Jahrhunderts zu einem Stoiker werden.

Unterscheiden Sie zwischen den Dingen, die Sie beeinflussen können, und denen, die Sie nicht beeinflussen können. Streben Sie nicht nach zu vielen Errungenschaften, sondern lernen Sie, mit dem zufrieden zu sein, was Sie haben. Wenn Sie diese beiden ehernen Grundsätze des Stoizismus befolgen, werden Sie merken, dass Ihr Alltag umgehend stress- und angstfreier wird und Sie mit neuer Energie an die entscheidenden, von Ihnen beeinflussbaren Aufgaben herantreten, anstatt zu versuchen, das Unkontrollierbare zu kontrollieren.

Üben Sie sich in Selbstdisziplin. Auch wenn die Verlockungen des Genusses bisweilen groß sind, sollten Sie an Marc Aurel denken, der selbst als römischer Kaiser noch Enthaltsamkeit übte, wohingegen die dekadenten Eskapaden des spätrömischen Reiches letzten Endes (mit-) verantwortlich für dessen Untergang waren. Die Stoa lehrt uns, dass der Einklang mit uns selbst und die Tugendhaftigkeit die wahren Ziele im Leben sind, nicht etwa die Anhäufung materiellen Besitzes. Streben Sie daher nach einem Leben im Einklang mit sich selbst und mit anderen, um (inneren) Konflikten vorzubeugen. Essentiell hierfür ist die Selbstreflexion: *Erkenne dich selbst und reflektiere dich selbst* könnte der Leitsatz der antiken Stoiker heißen. Denken Sie auch hier an Marc Aurel und seine Selbstbetrachtungen, die uns lehren, wie eine gelungene Selbstreflexion ausgestaltet werden kann.

Zu guter Letzt denken Sie immer daran: Der Stoizismus ist keine rein intellektuelle Übung, sondern ein Aufruf zum Handeln! Der wahre Stoizismus liegt nicht in den Büchern und antiken Schriften, sondern er offenbart sich erst in der Anwendung in Situationen des alltäglichen Lebens. Die Übungen und Techniken, die Sie in diesem Buch gelernt haben, sind wertvolle Werkzeuge zur Bewältigung unseres von Komplexitäten und Druck geprägten Lebens. Finden Sie Ihren inneren Frieden trotz der äußerlich turbulenten Umstände!

Mit diesem Buch haben Sie die Anleitung dazu in Ihren Händen. Ich hoffe, Sie hatten eine angenehme, lehrreiche und vor allem hilfreiche Reise durch die Welt des Stoizismus und können in der Zukunft von dem Erlernten profitieren. Mögen Sie einen gesunden Einklang mit der Welt, viel Entspannung und inneren Frieden erfahren.

Literaturverzeichnis

- Ansorge, U., & Leder, H. (2017). *Wahrnehmung und Aufmerksamkeit.* Wiesbaden: Springer.
- Assmann, J. (1988). Kollektives Gedächtnis und kulturelle Identität. In J. Assman, & T. Hölscher, *Kultur und Gedächtnis* (S. 9-19). Frankfurt: Suhrkamp.
- Batra, A. (2013). *Verhaltenstherapie. Grundlagen, Methoden, Anwendungsbereiche.* Stuttgart: Thieme.
- Beck, A. T., & Harrison, R. (05. März 1982). Stress, neurochemical substrates, and depression: Concomitants are not necessarily cause. *The behavioral and brain science*, S. 101-102.
- Beck, J. S. (2013). *Praxis der Kognitiven Verhaltenstherapie.* Weinheim: Beltz.
- Bees, R. (2011). *Zenons Politeia.* Leiden: Brill.
- Berekoven, L., Eckert, W., & Ellenrieder, P. (2009). Kundenzufriedenheitsforschung. In L. Berekoven, W. Eckert, & P. Ellenrieder, *Marktforschung. Methodische Grundlagen und praktische Anwendung* (S. 293-300). Wiesbaden: Springer Fachmedien.
- Bourdieu, P. (1982). *Die feinen Unterschiede. Kritik der gesellschaftlichen Urteilskraft.* Frankfurt: Suhrkamp.
- Brandt, G., & Spangenberg, H. (20. September 2022). Karriere mit Kind. Wie wirkt sich frühe Mutterschaft auf das Erreichen von Führungspositionen bei Akademikerinnen aus? *KZfSS. Kölner Zeitschrift für Soziologie und Sozialpsychologie*, S. 303-327.
- Bühler, P. (51. Jahrgang. Nr. 6 2005). Die Verwirrung des Bewusstseins in sich. Sokrates und die Geschichte der Pädagogik. *Zeitschrift für Pädagogik*, S. 876-891.
- Bühler, P. (2012). *Negative Pädagogik. Sokrates und die Geschichte des Lernens.* Paderborn: Schöningh.
- Damásio, A. R. (2000). *Ich fühle, also bin ich. Die Entschlüsselung des Bewusstseins.* München: List Verlag.
- Demandt, A. (2018). *Marc Aurel. Der Kaiser und seine Welt.* München: C.H. Beck.
- Döring, K. (1998). Sokrates. In H. Flashar, *Grundriss der Geschichte der Philosophie* (S. 141-178). Basel: Schwabe.
- Eichstätt, J. (1998). Eine experimentell prüfbare Theorie der Willenshandlung und Willensentscheidung, entwickelt am Phänomen Ausdauer. Untersuchung zu freiem Willen und unfreiwilligem Grübeln. *Europäische Hochschulschriften*, S. 610.
- Erler, M. (2007). Maieutik. In C. Schäfer, *Platon-Lexikon* (S. 193-194). Darmstadt: Wissenschaftliche Buchgesellschaft.
- Festinger, L. (1957). *A Theory of Cognitive Dissonance.* Stanford University Press: Stanford.

- Festinger, L. (2012). *Theorie der kognitiven Dissonanz.* Bern: Huber Verlag.
- Freud, S. (1923/2013). *Das Ich und das Es.* Stuttgart: Reclam.
- Fromm, E. (1976). *Haben oder Sein. Die seelischen Grundlagen einer modernen Gesellschaft.* München: dtv Verlagsgesellschaft.
- Funke, P. (2009). Polis und Asty. Einige Überlegungen zur Stadt im antiken Griechenland. In G. Fouquet, & G. Zeilinger, *Die Urbanisierung Europas von der Antike bis in die Moderne* (S. 63-79). Frankfurt: Lang.
- Gadamer, H.-G. (1960). *Wahrheit und Methode.* Tübingen: Mohr-Siebeck.
- Gedanke. (2003). In Duden, *Duden. Deutsches Universalwörterbuch.* Berlin: Cornelsen.
- Gilbert, D., & Malone, P. (117. Ausgabe 1995). The correspondence bias. *Psychological Bulletin,* S. 21-38.
- Goffman, E. (1959/2010). *Wir alle spielen Theater.* München: Piper.
- Guckes, B. (2004). *Zur Ethik der älteren Stoa. Psychoanalyse im interdisziplinären Dialog.* Göttingen: Vandenhoek & Ruprecht.
- Güssler, F. (2020). *Stressbewältigung Übung zur Entspannung.* Abgerufen am 30. Mai 2020 von friederike-guessler.de: friederike-guessler.de/stressbewaeltigung-uebungen-stressabbau/
- Hansen, M. H. (2006). *Polis. An introduction to the Ancient Greek City State.* Oxford: Oxford University Press.
- Harris, T. A. (1976). *Ich bin o.k. Du bist o.k. Wie wir uns selbst besser verstehen und unsere Einstellungen ändern.* Hamburg: Rowohlt.
- Hautzinger, M., & Linden, M. (2008). *Verhaltenstherapiemanual.* Heidelberg: Springer Medizin Verlag.
- Hellbrück, J. (16. April 2014). An Lärm kann man sich nicht gewöhnen. (J. Lubbadeh, Interviewer)
- Hershbell, J. P. (1996). Epiktet. In F. Ricken, *Philosophen der Antike II* (S. 184-198). Stuttgart: Kohlhammer.
- Hügli, A. (2003). Aporie. In A. Hügli, & P. L. (Hrsg.), *Philosophielexikon. Personen und Begriffe der abendländischen Philosophie von der Antike bis zur Gegenwart.* Reinbek: Rowohlt.
- Hüther, G. (1997). *Biologie der Angst - wie aus Stress Gefühle werden.* Göttingen: Vandenhoek & Ruprecht.
- Joas, H. (1999). *Die Entstehung der Werte.* Frankfurt: Suhrkamp.
- Jorgensen, E. W. (1984). *Eric Berne, Master Gamesman: a Transactional Biography.* New York: Grove.
- Klingen, N. (Nr. 49, . 1/ 2010). Ihr Leben ist wichtiger als Ihre Angst. *Deutsche Apotheker Zeitschrift,* S. 14-17.
- Koentges, C. (2017). Sokratischer Dialog. In A. Wirtz, *Lexikon der Psychologie* (S. 1566). Bern: Hogrefe.
- Konnerth, T. (2010). *Menschliche Kommunikation verstehen. Die Transaktionsanalyse.* Lüneburg: GU.

- LeBon, G. (1911/2009). *Psychologie der Massen.* Hamburg: Nikol.
- Maaz, H.-J. (2017). *Der Gefühlsstau. Psychogramm einer Gesellschaft.* München: Beck.
- Marx, K. (1859/2017). *Zur Kritik der politischen Ökonomie.* Berlin: Hofenberg.
- Molcho, S. (2002). *Alles über Körpersprache.* Mosaik Verlag: Berlin.
- Plegger, M., Schade, C., Diefenbacher, A., & Burian, R. (2014). Akzeptanz- und Commitment Therapie (ACT). *Zeitschrift für klinische Psychologie und Psychotherapie,* S. 241-250.
- Rosa, H. (2019). *Resonanz. Eine Soziologie der Weltbeziehung.* Frankfurt: Suhrkamp.
- Schirach, F. v. (08. Oktober 2018). Vom Fremdsein in der Welt. (B. Bleisch, Interviewer)
- Schlegel, L. (2002). Leitziele. In L. Schlegel, *Handwörterbuch der Transaktionsanalyse* (S. 188-190). Freiburg: Herder.
- Schmitt, W. M., & Nymoen, O. (2021). *Influencer. Die Ideologie der Werbekörper.* Frankfurt: Suhrkamp.
- Schwab, B. L. (16. Dezember 2017). Wie du es schaffst, mit dem Grübeln aufzuhören. (M. Bogner, Interviewer)
- Singer, P. (1979). *Praktische Ethik.* Stuttgart: Reclam.
- Spitzer, M. (2014). *Digitale Demenz. Wie wir unsere Kinder um den Verstand bringen.* München: Knaur.
- Thun, F. S. (1981). *Miteinander reden 1 -Störungen und Klärungen. Allgemeine Psychologie in der Kommunikation.* Reinbek: Rowohlt.
- Watzlawick, P. (2016). *Man kann nicht nicht kommunizieren. Das Lesebuch, 2. Auflage.* Göttingen: Hogrefe.
- Weber, M. (1904/2012). *Die protestantische Ethik und der Geist des Kapitalismus.* Altenmünster: Verlag Jürgen Beck.
- Wenninger, G. (2000). Reaktionszeit. *Spektrum der Wissenschaft,* S. 12-21.
- Wilken, B. (2003). *Methoden der kognitiven Umstrukturierung. Ein Leitfaden für die psychotherapeutische Praxis.* Stuttgart: Kohlhammer.
- Winch, G. (2016). *Emotionale erste Hilfe. Wie wir mit seelischen Verwundungen im Alltag umgehen können.* Paderborn: Junfermann Verlag.
- Wöhrmann, K.-R. (1983). Über einen strukturellen Unterschied zwischen der Mäeutik des Sokrates und dem Sokratischen Gespräch nach Leonard Nelson. In D. Horster, & D. Krohn, *Vernunft, Ethik, Politik. Gustav Heckmann zum 85. Geburtstag* (S. 289-300). Hannover: SOAK.